Rudolf Möckel

24 x

Ein Blick hinter die Kulissen
von Weihnachten

RUDOLF MÖCKEL

24x

Ein Blick hinter die Kulissen von Weihnachten

Impressum

Möckel, Rudolf
24 x
Ein Blick hinter die Kulissen von Weihnachten

Best.-Nr. 271 629
ISBN 978-3-86353-629-9
Christliche Verlagsgesellschaft Dillenburg

Best.-Nr. 180 162
ISBN 978-385810-503-5
Verlag Mitternachtsruf, www.mnr.ch

Wenn nicht anders angegeben, wurden Bibelstellen zitiert nach der NeÜ bibel.heute, © 2010 Karl-Heinz Vanheiden und Christliche Verlagsgesellschaft Dillenburg

1. Auflage 2019

www.cv-dillenburg.de
Satz und Umschlaggestaltung: CV Dillenburg
Umschlagfoto: © Shutterstock.com/Rocksweeper
Druck: GGP Media GmbH, Pößneck
Printed in Germany

Inhaltsverzeichnis

1

Weihnachten – ein Fest mit Haken

Weihnachten ist ein Fest mit Haken. Das war schon immer so und gilt selbstverständlich auch heute. Und die Menschen spüren das auch. Sie merken: Dieses Fest hat es in sich! Es kann enttäuschen. Wer es falsch anpackt, den enttäuscht es. Die Festfreude fehlt!

Wie eine Weihnachts-Umfrage ergab, haben viele Menschen geradezu einen Horror vor diesem Fest. Fast jeder fünfte jüngere Westdeutsche gab an, dass er zum Fest das Weite suche. Und so geschieht es! Die Touristik boomt in dieser Zeit. Die Leute verlassen in Scharen die weihnachtliche Stätte – mit allem, was brummt, fliegt oder rollt: mit Flugzeug, Bus, Bahn oder Auto.

Eine Internetseite beschreibt die Situation mit diesen Worten: „Flughafen Köln-Bonn, ein Tag vor Heiligabend, morgens kurz vor neun. Vor den Schaltern haben sich schon lange Schlangen gebildet. Die ersten Weihnachtsflüchtlinge sind schon seit vier Uhr da. Sie tragen weder Weihnachtstüten noch sorgfältig verpackte

Überraschungen unterm Arm. Stattdessen ziehen die Ausreißer hässliche Rollkoffer und Reisetaschen hinter sich her. Einziges Zeichen von Weihnachtlichkeit: Ein junger Mann auf dem Weg nach Bangkok hat ein winziges Schächtelchen Mozartkugeln bei sich. Seine Freundin ist schon seit einer Woche in Bangkok. Auch ihr geht der Weihnachtsstress auf die Nerven. Seit fünf Jahren flieht das Paar schon vor dem Fest. Jedes Jahr suchen sich die beiden ein neues Ziel aus. Weihnachten heißt für sie baden, in der Sonne liegen und Ausflüge machen. Statt Bäumchen schmücken, Geschenke kaufen und Gänsebraten essen. Alle, die hier am Check-In-Schalter stehen, wollen mit Weihnachten nichts zu tun haben."[1]

Ja, es stimmt: Weihnachten ist ein Fest mit Haken. Weihnachten wehrt sich gegen den himmelschreienden Missbrauch, der alle Jahre wieder mit ihm getrieben wird. Es stemmt sich spröde gegen die zuckersüß-sentimentale Zwangsjacke, die man ihm verpasst hat.

Weihnachten ist ein Fest mit Haken. Wer es ohne Haken haben will, geht leer aus und bleibt zwangsläufig ernüchtert zurück. Oder anders gesagt: Weihnachten ist ein Fest zum Graben. Wer nicht bereit ist, die Ärmel aufzukrempeln und sich „durchzugraben" zu dem, worum es bei diesem Fest in Wirklichkeit geht, dem bleibt jegliche Weihnachtsfreude verwehrt! Und wahrlich: Es gibt viel zu graben – gerade bei diesem Fest aller Feste.

Der Weihnachtsschatz, das eigentliche Weihnachtsgeschenk, ist tief verschüttet unter 2000 Jahren

---

1 DW.com, 24.12.2009 https://www.dw.com/de/weihnachten-nix-wie-weg/a-5052799-0

Geschichte, Religion, Legenden, Romantik, Verniedlichungen, Verirrungen und Vorurteilen. Verschüttet von einem monströsen Kaufrausch, von Konsum, Kommerz, Knusperhäuschen und Knaben im lockigen Haar. Eine legendenhaft zusammengerührte, sehr sehr dünne Weihnachtssuppe, die in Enttäuschung enden muss.

Weihnachten ist ein Fest mit Haken. Wer es nicht nimmt, wie Gott es gegeben hat, schrammt unweigerlich daran vorbei und rutscht ins Abseits. Er reibt sich spätestens bei der nach-feiertäglichen Entsorgung des Weihnachtsbaumes verwundert die Augen, weil trotz bester Bemühungen dieses Fest wieder einmal an ihm vorübergehuscht ist. Und zwar, ohne auch nur eine einzige bleibende Spur in seinem Herzen hinterlassen zu haben.

Bis heute ist Gottes großes Weihnachtsgeschenk vielerorts ein unerkanntes Geschenk. Da treibt es die Menschen am Heiligen Abend in Scharen in die Kirchen. Und sie singen möglicherweise auch all die schönen Lieder mit, die von der Geburt des Sohnes Gottes handeln. Aber sie bleiben im Vorläufigen stecken.

Sie verirren sich hoffnungslos im Oberflächlichen. Sie erkennen Gottes großes Geschenk nicht. Sie sind ganz nahe dran und erkennen es doch nicht!

Sie lassen sich rühren von Mutter, Krippe und Kind. Das ist ja alles so unendlich gefühlvoll und schön. Und dann singen sie womöglich das Lied von der „Stillen Nacht", und die Kerzen brennen im Kirchenraum. Die Augen der Kinder leuchten. Die Orgel spielt so feierlich. Der Mann in Schwarz mit dem Beffchen da vorne redet so nett. Und dann ergreift sie ein bewegendes, sanftes Gefühl von Frieden und geheimnisvollem Geschehen. Und das trägt sie davon in ferne, heile Weihnachtswelten, in denen sie für ein Weilchen träumen dürfen. Aber eines begreifen sie nicht: dass das Kind in der Krippe der Herr der Welt ist, gekommen, um sie zu retten und ihr Leben zu erfüllen. Sie begreifen nicht, dass es um viel mehr geht als um ein paar schöne, fromme Gefühle, nämlich um die rettende Liebe Gottes gegenüber verlorenen Menschen. Sie begreifen nicht, dass aus dem Kind in der Krippe nur zu bald der Herr und Erlöser wurde, der die klaren Worte sagte: *Ich bin der Weg und die Wahrheit und das Leben. Niemand kommt zum Vater denn durch mich* (Joh 14,6). Ein wenig surfen sie auf der Welle religiösen Gefühls. Aber die Welle läuft irgendwann aus. Und sie bleiben zurück und haben bald nichts mehr in Händen.

Und hier kriegt man ihn ganz klar zu fassen, den Haken, der im Christfest steckt: Weihnachten hat mit einer Rettungsaktion zu tun, nicht mit hohen Wellen religiöser Gefühle. Weihnachten verkündet laut, dass Gott Mensch wurde, um verlorene Menschen zurückzuholen ins Vaterhaus Gottes. Weihnachten lädt uns ein, Jesus, den Erlöser, in unser Leben aufzunehmen. Weihnachten will bewirken, dass etwas bei uns passiert. Dass etwas bei uns in Bewegung kommt. Dass wir vertrauen und Christus als Erlöser und Herrn annehmen.

Verstehen Sie jetzt? Weihnachten ist ein Fest mit Haken. Es will sich festhaken an uns. Es will uns ziehen, hin zur Rettung für die Ewigkeit. Nur dann erfüllt es seinen Zweck. Und wer diesen Haken nicht will, wer diesem Haken ausweicht, weil er ein wenig schmerzen könnte, der hat nicht begriffen, der hat nicht erkannt, was Gott ihm geben will. Und er wird zwangsläufig von Weihnachten enttäuscht. Das große Fest lässt nur eine große Leere in ihm zurück. Gottes größtes Geschenk an die Menschen ist also – weithin – immer noch ein unerkanntes Geschenk.

Manchmal denke ich: Wie muss es Gott wehtun, dass sein größtes Geschenk für so viele ein unbekanntes oder auch verschmähtes Geschenk ist. Und doch bleibt er dabei, uns seine Liebe zu schenken. Weil er uns nicht einfach in unser Verderben laufen lassen kann. Was für ein Gott ist das! Und was für eine Liebe!

2

Johannes – der Mann ohne Schnörkel

In vielen Ländern gelten sie schon lange als Delikatesse: Insekten. Als Superfood deklariert strotzen Insekten nur so vor Proteinen und gesunden Fetten. Sie könnten somit in Zeiten des Klimawandels und gesunder Ernährung bald Fleischprodukte ersetzen.

So ungewöhnlich ist es gar nicht, Insekten zu verspeisen: Immerhin 65 % der Weltbevölkerung zählen Würmer, Käfer usw. zum täglichen Speiseplan. Nur wir in unserer westlichen Welt mäkeln mal wieder.

Die wohl bekannteste Insektenart, die verzehrt wird, sind Heuschrecken. In Mexiko, Thailand und Kambodscha gelten sie schon seit Langem als Köstlichkeit. Gebacken, frittiert, gebraten: Sie zuzubereiten ist super einfach, und geschmacklich werden sie sogar mit Chips verglichen.

Ziemlich verbreitet als Speise sind auch die bekannten Mehlwürmer. Die Larven des Mehlkäfers schmecken vor allem gekocht, gedämpft, geröstet oder frittiert. Genießer sagen, dass der Geschmack nussig ist und an Shrimps erinnert.

Und wer hätte gedacht, dass sogar Wespen auch noch eine andere Rolle spielen, als uns im Sommer zu ärgern? Schon in der früheren Geschichte Japans kannte der Adel Wespen als Spezialität und aß die Insekten gekocht, damit sie ihr buttriges und erdiges Aroma entfalten konnten.

Natürlich weiß ich nicht, ob diese Insekten-Mahlzeiten so ganz nach Ihrem Geschmack sind. Klar ist nur: Wirklich neu ist diese Art, sich zu ernähren, in der Tat nicht.

Die Bibel berichtet nämlich von einem Mann, dessen normale Alltagskost zumindest zu 50 % aus Insekten bestand. So ungewöhnlich die Speisegewohnheiten dieses Mannes waren, so ungewöhnlich waren er auch selbst, sein Aussehen, sein Wohnort, sein Charakter, sein Beruf und seine Botschaft. Alles war ungewöhnlich. Selbst der Zeitpunkt seiner Geburt war auffällig. Sein Name: Johannes, Sohn des Zacharias. Besser bekannt unter dem Beinamen „der Täufer". Er war der Mann, der das Kommen des Messias – Jesus – ankündigte. Mit ihm beginnt die Weihnachtsgeschichte.

Dieser Mann bot keine Show! Er machte keine Faxen! Er gab keine blumigen Versprechen. Er hatte noch nicht mal ein ansprechendes Vorprogramm für seine Predigten. Er stand einfach da, in der Wüste, und tat das, wozu Gott ihn berufen hatte: Er verkündigte die Wahrheit über den lebendigen Gott. Nichts sonst. Er war von großer Nüchternheit und einer fast schmerzhaften Klarheit. Er war ein Mann ganz ohne Schnörkel. Trotzdem – oder sollte man besser sagen: gerade deswegen – drängten sich die Menschen danach, ihm zuzuhören.

In der Wüste, also im Süden des Landes Israel, predigte Johannes. So berichtet es die Bibel (Lukas 3,2) Und der Evangelist Matthäus fügt hinzu (Matthäus 3,4): *Johannes trug ein grobes Gewand aus Kamelhaar, um das er einen Lederriemen geknotet hatte. Seine Nahrung bestand aus Heuschrecken und Honig von wild lebenden Bienen.*

Ein einfacher Mann. In äußerst einfacher Kleidung. Ernährt von überaus einfacher Nahrung. In einer unüberbietbar einfachen Umgebung: der Wüste. Warum eigentlich die Wüste? Johannes hätte doch genauso gut in Jerusalem predigen können, in der Hauptstadt! Da wäre doch alles viel einfacher gewesen. Da hätte er die Leute doch alle hübsch beieinander gehabt. Warum in aller Welt nötigte er die Menschen dazu, den beschwerlichen Weg hinaus in die Wüste zu machen?

Weil er ihnen damit etwas klarmachen wollte! Und zwar Folgendes: Man muss alles andere hinter sich lassen, wenn man sich Gott nähert. Alles andere muss uninteressant und gleichgültig werden, wenn man sich Gott nähert: all die vielen Kleinigkeiten, Nettigkeiten, Annehmlichkeiten des Alltags. All die schönen Bequemlichkeiten, Möglichkeiten, Tätigkeiten – man muss sich von ihnen abwenden und sie hinter sich lassen. Wer sich in die Nähe Gottes wagt, darf sich durch nichts ablenken lassen. Er muss sich ganz auf diese Sache konzentrieren. Wer sich in die Nähe Gottes wagt, kann das nur ganz tun oder gar nicht! Und darum nötigte Johannes der Täufer die Leute, in die Wüste zu kommen.

Und die Menschen kamen. Ist doch merkwürdig, finden Sie nicht? In Scharen strömten die Leute hin zu diesem Mann, berichtet die Bibel. Und Johannes erzählte ihnen keine netten Geschichten. Er redete die Wahrheit über Gott. Und die ist nicht einfach nur angenehm. Die hat auch Ecken und Kanten: Die ist halt einfach wahr. Warum kommen die Leute dennoch!? Warum nur kommen sie?

Nun, sie kommen, weil sie spüren, dass es die Wahrheit ist, die Johannes ihnen sagt. Sie merken: Dieser Mann weiß, wovon er spricht. Sie kommen, weil sie spüren: Man braucht die Wahrheit Gottes zum Leben. Ohne sie kommt man auf Dauer einfach nicht zurecht. Ohne Wahrheit erstickt das Leben. Das haben die Menschen damals erkannt. Und darum strömen sie hin in Scharen zu Johannes, der ihnen die Wahrheit Gottes zumutet.

Und dann hören sie seine aufwühlende, packende Botschaft: *Daraufhin durchzog er die ganze Jordangegend und predigte den Menschen, sie sollten zu Gott umkehren und sich als Zeichen dafür taufen lassen, damit sie Vergebung ihrer Sünden empfingen* (Lukas 3,3).

Diese Botschaft, dieser Grundsatz gilt bis heute. Wer sich in Gottes Nähe wagt, der kann das nur so tun, dass er sein Leben umkehrt. Es gibt keine andere Möglichkeit! Wir kommen nicht darum herum und auch nicht daran vorbei. Wer sich in Gottes Nähe wagt, muss sein

Leben ändern. Wer sich in Gottes Nähe wagt, muss sein Leben neu ausrichten. Da ist kein Millimeter Spielraum.

Deshalb sagt Johannes auch nicht: „Wenn ihr gerade Zeit habt, ändert euer Leben! Wenn eure Gefühlslage gerade stimmt, ändert euer Leben! Wenn es in Beruf, Freizeit, beim Hobby, Ins-Grüne-Fahren, Vom-Stress-Entspannen nicht stört, kehrt um zu Gott!" Genau das sagt Johannes nicht! Sondern er sagt klipp und klar: Wer sich in die Nähe Gottes wagt, muss sein Leben ändern! Das gilt überall, zu jeder Zeit und ohne Einschränkung, denn Gott ist heilig!

Das kann bitterschwer sein. Und darum sind manche schnell mit Ausreden bei der Hand, wenn praktische Schritte der Umkehr notwendig sind. Das ist heute so. Und das war auch damals so. Man braucht Mut dazu!

Hüten wir uns also vor Ausreden – vor oberflächlichen und anderen Ausreden! Im Kern sind sie alle gleich, nämlich Vermessenheit Gott gegenüber! Viele Menschen haben durchaus nichts gegen Gott, solange er ihr gewohntes, eingefahrenes Leben nicht stört. Viele Menschen haben nichts gegen Gott, solange er nicht zu viel Aufmerksamkeit von ihnen beansprucht. Sie haben nichts gegen Gott, solange er ihren Stammtisch, ihr Maß Bier, ihre Skatrunde, ihr Kaffeekränzchen, ihren Club und die Fußballübertragung respektiert. Sie haben nichts gegen Gott, solange alles im Rahmen bleibt. Solange sie so ziemlich machen können, was eben alle machen: oberflächlich so dahinleben.

Gott passt sich jedoch weder der Skatrunde noch dem Kaffeekränzchen und auch nicht der Bundesliga an.

Mit hoher Wahrscheinlichkeit wird er unser gewohntes Leben immer wieder empfindlich stören. Er bleibt nicht in den Schranken, in die wir ihn weisen wollen. Und es interessiert ihn nicht, was „alle" machen. Gott rückt uns immer wieder auf den Leib. Eben weil er uns liebt. Eben weil er nicht will, dass wir an unseren Sünden zugrunde gehen! Er konfrontiert uns hautnah mit sich selbst!

Und genau an dieser Stelle schießen dann die Ausreden wie Pilze aus dem Boden hoch: „Wir wollen doch nicht gesetzlich werden!" – „Was in der Bibel steht, ist sowieso Auslegungssache. Das sieht doch eh' jeder anders!" – „Die Kirche macht das halt so. Da kann es doch nicht falsch sein!" – „Was alle machen, können wir doch nicht ignorieren!" – „Was heißt hier Sünde? Ist Gott nicht ein Gott der Liebe?" usw.

Wenn Gott uns auf den Leib rückt, sprießen die Ausreden. Und die machen uns blind für die Tatsache, dass Gott Gott ist. Sie machen uns blind dafür, dass es Gott gegenüber nur eine einzige angemessene Haltung gibt: Ehrfurcht. Tiefe, bedingungslose Ehrfurcht. Vor Gott gilt immer nur eines: Hören, was er sagt. Und dann tun, was er sagt. Koste es, was es wolle.

3

Die Sache mit den Schuhen

Er ist ein prominenter Mann, der Täufer Johannes. Wie kein anderer hat er das Volk der Juden auf das Kommen von Jesus vorbereitet: „Macht Platz! Räumt auf!“, sagte er sinngemäß zu den Leuten. „Gebt eurem Leben eine neue Richtung! Verabschiedet euch von euren Lebenslügen und schminkt euch die Ausreden ab. Denn der Messias (Retter) kommt sehr bald! Und er ist ein Mann der Wahrheit!“

Er war also ein prominenter Mann, der Täufer Johannes. Die Leute rissen sich förmlich um ihn. Jeder wollte mit ihm sprechen. Jeder wollte sich persönlich Rat bei ihm holen. Jeder wollte sich auf die bevorstehende Ankunft des Messias einstellen und vorbereiten.

Allerdings fingen einige Leute dann an, ihre Messias-Erwartung auch auf den Täufer Johannes selbst zu richten. Der Mann war ja schließlich eine beeindruckende Erscheinung: Er redete verständlich und klar. Er war direkt und schnörkellos. Und er war immerhin ein

Prophet. Konnte er also nicht vielleicht mehr, ja, konnte er nicht womöglich der Messias sein?

So fragten nicht wenige. Gerüchte brodelten. Vermutungen schwirrten. Spekulationen schossen ins Kraut. Darauf musste der Täufer Johannes reagieren. Er konnte zustimmen oder dementieren. Zumindest aber musste er sich zur Sache äußern. Und das hat er in überraschender und unnachahmlicher Weise getan. Er hat über sich gesprochen und über Jesus. Er hat den Leuten vor Augen geführt, dass es einen grundlegenden Unterschied zwischen Jesus, dem Messias, einerseits und jedem normalen Menschen andererseits gibt. Er sagte:

Ich taufe euch zwar mit Wasser; es kommt aber einer, der mächtiger ist als ich. Ich bin nicht einmal gut genug, mich zu bücken und ihm die Riemen seiner Sandalen zu lösen. Er wird euch mit dem Heiligem Geist und mit Feuer taufen. (Lukas 3,16)

Eine merkwürdige Antwort, bei der ein Paar Sandalen ins Spiel kommen. Und zwar die Sandalen, die der Messias (Jesus) an seinen Füßen trägt: Ich bin nicht würdig, ihm seinen Schuhriemen zu lösen, sagt Johannes. Ich bin's nicht wert, auch nur seine Schuhe zu berühren.

Nun muss man wissen, dass das Lösen der Schuhriemen damals zu den Arbeiten gehörte, die nur Sklaven ausführten. Die Leute schütteten damals nämlich ihren gesamten Hausmüll einfach auf die Straße. Der lag dann dort herum – wenig appetitlich. Und Kanalisation gab es noch nicht. Schmutzwasser und Abwasser flossen einfach auf die Straße. Wenn es regnete, dann vermischte sich das alles zu einem äußerst unerfreulichen Brei. Und der blieb dann – mehr oder weniger – an den Schuhen der Straßenbenutzer hängen. Die erste Aufgabe der Sklaven war es nun, dem Hausherrn und seiner Familie (und eventuellen Gästen) sofort die Schuhe auszuziehen, wenn sie das Haus betraten. Die Sklaven machten also unfreiwillig Bekanntschaft mit dem, was so auf den Straßen herumlag. Keine sehr schöne Sache!

Und nun sagt der Täufer Johannes: Ich bin noch nicht mal würdig, dem Messias die Schuhriemen zu lösen. Will sagen: Ich bin nicht einmal würdig, ihm den allerniedrigsten Sklavendienst zu tun. Noch nicht einmal für den niedrigsten Sklavendienst fühlte sich der Täufer würdig genug, wenn es um Jesus ging.

Warum hat der Mann das damals so gesagt? Warum war dieses tiefe Gefühl der Unwürdigkeit in ihm? Hatte er vielleicht mit krankhaften neurotischen Schuldkomplexen zu kämpfen?

Nein, dieses Gefühl abgrundtiefer Unwürdigkeit stellt sich immer dann ein, wenn ein Mensch Jesus, dem Sohn Gottes, begegnet. Dann treffen nämlich Unreinheit und Reinheit, Sünde und Sündlosigkeit, Finsternis und Licht knallhart aufeinander. Und wem das klar wird, der empfindet mit seinem ganzen Wesen und Sein nur dieses Eine, nämlich die eigene Unwürdigkeit Jesus gegenüber. Er weiß dann: Ich bin ein Bettler vor ihm.

Der Täufer Johannes war ein großer Mann, keine Frage. Aber vor Jesus war er klein. Und er konnte das zugeben. Er konnte es zulassen. Er besaß die Scharfsichtigkeit und Klarheit der Demut. Er sah die ganze Größe und Reinheit von Jesus, dem Sohn Gottes. Und er erkannte daran, wie klein, unrein und hilflos er selbst war im Vergleich zu ihm.

Ein sehr weiser, erfahrener Christ (Phillip Brooks) hat einmal gesagt: „Der wahre Weg zur Demut ist nicht der, dass du dich erniedrigst, bis du kleiner dastehst, als du in Wahrheit bist. Der wahre Weg zur Demut sieht vielmehr so aus, dass du mit deiner ganzen Größe neben einem anderen stehst, der größer ist als du und der dir zeigt, wie klein deine Größe in Wahrheit ist."

Genauso war es beim Täufer Johannes: Er war ein großer Mann. Aber neben Jesus wurde seine Größe klein. Damit wird nun Folgendes klar: Wer vor Jesus noch nie seine Knie gebeugt hat, der ist Jesus noch nie wirklich begegnet. Der ist noch ein verlorener Mensch.

Anders gesagt: Wer die Zeit des Advents noch nie dazu genutzt hat, um vor Jesus auf die Knie zu gehen und konkrete, erkannte Schuld zu bekennen, der hat verpasst, worum es in der Adventszeit eigentlich geht.

Vergessen wir also die Sache mit den Schuhen nicht!

Die Begegnung mit Gott läuft nicht so, dass wir über angenehme, schöne Gefühle leicht und mühelos zu ihm geleitet werden. Sie beginnt mit der kraftvollen Erfahrung unserer eigenen Unwürdigkeit! Nur wer sich der Dunkelheit in seinem eigenen Leben stellt, streckt auch dankbar und erwartungsvoll die Arme aus nach der Gnade Gottes.

4

Besuch bei kleinen Leuten – Maria

Maria ist zweifellos eine wichtige Person in der Weihnachtsgeschichte. Aber was ist dieser jungen Frau schon alles angedichtet und untergeschoben worden im Laufe der Jahrhunderte! Zur „Himmelskönigin" hat man sie gemacht, zur „Fürsprecherin" zwischen Menschen und Jesus, zur „Gottesmutter". Und doch war sie in Wahrheit nur eine junge Frau, vermutlich fünfzehn oder sechzehn Jahre alt. Sie wohnte in einem Provinzkaff namens Nazareth. Sie lebte im Vertrauen zum Gott der Bibel. Aber sie war auch ein Mensch mit Fehlern und Sünden. Das wusste sie. Sie war wie Sie und ich. Sie war eine von uns.

Und sie war verlobt. Verlobt mit einem Mann namens Josef, Zimmermann und Steinmetz aus Nazareth. Wahrscheinlich war der nicht viel älter als sie. Verlobt zu sein bedeutete damals mehr als heute. Die Verlobungszeit dauerte ein volles Jahr, und sie war eine viel festere Verbindung, als das heute der Fall ist. Starb zum

Beispiel einer der beiden Verlobten vor der eigentlichen Hochzeit, galt der zurückbleibende Teil als Witwer bzw. Witwe. Die Verlobungszeit war auch eine Bewährungszeit. In dieser Zeit mussten sich die beiden Verlobten ihre Reife beweisen: Er, indem er an das Haus seines Vaters einen Anbau anfügte, den er mit seiner jungen Frau bewohnen würde. Sie, indem sie sich auf ihre Aufgaben als Ehefrau und Mutter vorbereitete. Und beide dadurch, dass sie nicht vorzeitig miteinander schliefen, sondern bis nach der Hochzeit damit warteten.

Irgendwann während dieser einjährigen Verlobungszeit finden wir Maria nun also im Haus ihrer Eltern vor. Eine einfache junge Frau, bestimmt keine Intellektuelle, die mit irgendetwas Besonderem beschäftigt wäre, sondern als einfache Person, die im Haushalt das Gemüse putzt, Geschirr spült oder den Fußboden schrubbt und die Betten macht. Und dann geschieht etwas, worauf diese junge Frau völlig unvorbereitet ist: Ganz plötzlich steht ein Engel vor ihr, der sie ansieht und zu ihr spricht. Und Maria tut das, was auch wir sehr wahrscheinlich in ihrer Lage getan hätten: Sie erstarrt vor Schreck. Es ist keine Kleinigkeit, einem Engel gegenüberzustehen, denn der strahlt die Heiligkeit Gottes aus. Und vor der fürchten sich Menschen immer.

Nun folgt etwas, das Maria noch viel mehr durcheinandergebracht haben dürfte. Es sind die Begrüßungsworte des Engels. Als der Engel Gabriel Maria gegenübertritt, sagt er einfach: „Hallo!“[2] Eine etwas

2 „*Sei gegrüßt*, du mit hoher Gunst Beschenkte! Der Herr ist mit dir!“ (Lukas 1,28)

ungewöhnliche Begrüßung für einen Engel, finden sie nicht? Aber so steht es in den Weihnachtsberichten der Bibel. Der Engel macht es unkompliziert. Er sagt einfach: „Hallo!" Und dann fügt er hinzu:

Du wirst schwanger werden und einen Sohn zur Welt bringen, den du Jesus nennen sollst. ... Der Heilige Geist wird über dich kommen, ... die Kraft des Höchsten wird dich überschatten. Deshalb wird das Kind, das du zur Welt bringst, heilig sein und Sohn Gottes genannt werden. (Lukas, 1,31.35)

Diese Worte haben es in sich. Denn sie bedeuteten: Maria würde schwanger werden. Nicht von Josef, sondern von Gottes Geist. Und nach neun Monaten würde sie Jesus, den Sohn Gottes, zur Welt bringen.

Darüber staunt man, denn Maria war einfach eine junge Frau in der Provinz. Das einzig Besondere an ihr war die Tatsache, dass sie (genau wie ihr Verlobter) über viele, viele Generationen hinweg von dem sagenhaften König David abstammte. Aber sonst? Sonst war nichts Besonderes an ihr. Und deshalb stellt sich sofort die Frage: Warum Maria? Warum sie? Warum schickte Gott seinen Engel ausgerechnet zu ihr? Was zeichnete sie aus? Was machte sie so besonders?

Nichts! Es war einfach Gottes Entschluss. Er erwählte diese völlig unbedeutende junge Frau aus der völlig unbedeutenden Provinzstadt Nazareth in der völlig unbedeutenden Provinz Galiläa, um mit ihr seinen Rettungsplan für die Menschheit zu verwirklichen. So ist Gott: Er wendet sich gern den kleinen Leuten zu, denen, die nichts vorzuweisen haben, die nie in der Zeitung stehen, die keine besonderen Begabungen haben, die nicht besonders toll aussehen und nie eine Universität von innen gesehen haben. Denen wendet sich Gott mit Vorliebe zu, denn Gott ist ein Gott der kleinen Leute. Aber warum ist das so? Um an ihnen seine Größe und seine Herrlichkeit zu zeigen. Darum wählte er Maria aus.

Maria, eine von uns.

5

Geboren von der Jungfrau Maria

Es gibt heute viele Menschen, die sagen (sinngemäß): Warum ist das eigentlich so wichtig, dass Maria noch mit niemand geschlafen hatte, als sie ihr erstes Kind bekam? Warum kann nicht ganz einfach Josef der leibliche Vater von Jesus gewesen sein? Das würde doch den Glauben erheblich einfacher machen!

Wirklich? Denken wir es durch! Also mal angenommen, Josef wäre der leibliche Vater von Jesus gewesen. Wer oder was wäre Jesus dann? Nun, er wäre Josefs und Marias Sohn gewesen. Ein ganz normaler Mensch. Nicht mehr. Und was bedeutet das? Nun, es bedeutet, dass er auch ein ganz normaler Sünder gewesen wäre.

Jeder normale Mensch, der auf dem ganz normalen Weg von einem Mann und einer Frau gezeugt wird, der kommt als Sünder auf die Welt. Der muss nicht später erst mühsam lernen, wie man sündigt und sich dem Bösen zuwendet. Nein, er kann es von Anfang an! Und so süß die Babys natürlich sind, wenn sie geboren werden, sie zeigen doch nur zu bald, wenn sie heranwachsen, dass sie das Böse nicht lernen müssen: Irgendwann fangen sie an und lügen ihre erste Lüge, nehmen das erste Mal jemandem etwas weg, das ihnen nicht gehört, sind zum ersten Mal unfair, gemein oder berechnend gegenüber jemandem. Wieso gibt es das schreckliche Sprichwort, dass Kinder grausam sein können? Weil es leider wahr ist.

Der bekannte Liedermacher Herbert Grönemeyer hat vor Jahren ein Lied geschrieben, das trägt den Titel: „Kinder an die Macht!" Darin heißt es, dass den Kindern das Kommando gegeben werden solle, denn sie würden nicht berechnen, was sie tun. Die Welt gehöre in Kinderhände. Dem Trübsinn solle ein Ende bereichtet werden. Man werde „in Grund und Boden gelacht." Und deshalb gehörten „Kinder an die Macht".

Jedes Mal, wenn der Song im Radio läuft, und das tut er immer noch ziemlich häufig, frage ich mich: Meint Grönemeyer das wirklich ernst? Ist er wirklich davon überzeugt, dass der Trübsinn ein Ende nähme, wenn Kinder an die Macht kämen? Er ist doch sonst so ein scharfer Denker. Ich möchte mich der Aufforderung Grönemeyers jedenfalls lieber nicht anschließen.

Jeder normale Mensch, der auf normalem Weg gezeugt wurde und auf die Welt kommt, ist – leider – ein ganz normaler Sünder. Wenn Jesus also auf ganz normalem Weg gezeugt und geboren worden wäre, dann wäre er auch ein ganz normaler Sünder gewesen. Und das bedeutet: Er hätte uns nicht helfen können. Er hätte nicht stellvertretend für unsere Sünden sterben können. Er hätte nur für seine eigenen Sünden sterben können. Und wir wären einfach in unserer Verlorenheit und Gottesferne geblieben. Das wäre die unvermeidbare Folge gewesen.

Dass Gott wirklich Mensch wird, setzt zwingend voraus, dass Maria noch Jungfrau war, als sie mit Jesus schwanger wurde. Wenn Jesus einen menschlichen Vater gehabt hätte, wäre er nur ein Mensch gewesen. Und wenn er nur ein Mensch gewesen wäre, dann gäbe es kein Evangelium, keine gute Nachricht, keinen Retter und keine Rettung.

Es ist also nicht egal, ob nun Josef oder Gott der Vater Jesu war. Und der Glaube wird ganz und gar nicht einfacher, wenn man an dieser Stelle die biblischen Berichte einfach ausblendet. Wenn Jesus nur ein Mensch war, dann gibt es für uns keine Rettung! Darum pocht die Bibel in den Berichten der Evangelien so beharrlich darauf, dass Marias erste Schwangerschaft nicht menschlichen, sondern göttlichen Ursprungs war.

Wie mag sich Maria gefühlt haben an diesem Tag, als der Engel Gottes ihr begegnete und ankündigte, dass sie von Gottes Geist schwanger werden würde? Ich vermute mal, ihr dürfte gehörig der Kopf geschwirrt haben. Sie musste an diesem Tag in der Tat so einiges verkraften. Aber sie hatte auch den Mut und den Glauben und die Entschlossenheit, „Ja“ zu sagen zu Gottes Plänen mit ihr. Sie gehörte zu den sogenannten „kleinen Leuten“. Stimmt. Aber Gott kann und will gerade auch durch „kleine Leute“ Großes tun. Ihr Beispiel beweist es.

6

Der verkannte Statist – Josef (1)

Sie sind da und irgendwie auch nicht. Sie sind unscheinbar, bleiben im Hintergrund. Und doch sind sie unersetzlich – als Leiche, als knutschendes Pärchen in der Disco oder als Oma, die mit ihrem Hund Gassi geht: die Statisten. Sie hauchen Film- und Fernsehproduktionen Leben ein. Für manche von ihnen ist der Job Zeitvertreib. Andere wollen damit ihr Taschengeld aufpolieren. Und wieder andere erhoffen sich eine große Filmkarriere. Aber gemeinsam ist allen, dass sie kaum je bewusst wahrgenommen werden. Sie sind da und irgendwie auch nicht!

Ganz genauso ist es auch mit Josef aus Nazareth. In unzähligen Krippendarstellungen taucht er auf: der Mann im mittleren Alter (meist mit Bart), der milde lächelnd auf die Krippe mit dem Jesuskind schaut. Er sagt kein Wort. Er tut auch nichts Besonderes. Er steht einfach nur so herum. Er ist da und irgendwie auch nicht. Er ist der Statist in der Weihnachtsgeschichte, mehr nicht. So jedenfalls nehmen wir ihn für gewöhnlich wahr.

Ja, bei den Hirten, da ist was los! Diese Kerle bringen mächtig Unruhe und mischen Bethlehem auf. Auch die Magier aus dem Osten sind irgendwie beeindrukkend, wie sie da dem Licht am Himmel folgen, endlich den Retter finden und hinterher den übel beleumdeten Herodes mit leichter Hand ausmanövrieren. Sie stehen im hellen Licht der Advents- und Weihnachtsereignisse.

Aber Josef? Was wüsste man über den schon zu sagen? Er ist halt da – wie Ochse und Esel –, aber zu melden hat er nichts! Doch Josef aus Nazareth ist keineswegs der Statist, für den ihn viele halten. Im Gegenteil, ohne ihn hätte es kein Weihnachten und keine Geburt des Gottessohnes gegeben. So stehen die Aktien!

Die Bibel berichtet von Ereignissen, die Josef in große Schwierigkeiten stürzten:

Es folgt die Geschichte der Geburt von Jesus, dem Messias: Seine Mutter Maria war mit Josef verlobt. Da stellte sich heraus, dass Maria ein Kind erwartete, obwohl sie noch nicht miteinander geschlafen hatten. Sie war durch den Heiligen Geist schwanger geworden. (Matthäus 1,18)

Für die Leute in Nazareth war die Sache klar: Maria hatte eine Affäre gehabt und war – wie das bei Affären eben manchmal so ist – irgendwann schwanger geworden. Die Sache war ruckzuck herum im Dorf Nazareth mit seinen knapp 300 Einwohnern. Der Buschfunk funktionierte einwandfrei: „Ha'm Se schon gehört? Ha'm Se schon gehört: Maria hat dem armen Josef

Hörner aufgesetzt! Tja, Sie kriegt 'nen dicken Bauch. Ist ja unübersehbar! Na, was der Verlobte wohl dazu sagen wird?! Eine Schande ist das! Und jetzt kommt das Dickste: Wissen Se, was Maria sagt, woher das Kind kommt? Vom ‚Heiligen Geist', sagt se. Vom ‚Heiligen Geist'! Genau! Und im Himmel ist Jahrmarkt! Ha, ha! Früher hätt' man solche Frauenzimmer glatt gesteinigt. Und es wär' auch besser so. Dann wär' wieder Ruh im Dorf! Schluss und Ruh!"

Tja, was würden wir wohl sagen, wenn eine Sechzehnjährige behaupten würde, sie sei vom „Heiligen Geist" schwanger geworden? Würden wir nicht auch den Kopf ganz leicht schräg legen und erhebliche Zweifel anmelden? Doch, ich glaube, so wäre es. Und darum scheint mir eines sehr klar zu sein: Marias Worten hat damals kein Mensch geglaubt. Die Leute haben sich schlicht an den Kopf gefasst. Sie haben Maria für plemplem oder zur dreisten Lügnerin erklärt und haben dann dem Schreinermeister und Steinmetz Josef aus Nazareth die aufregende Neuigkeit brühwarm aufgetischt. Und der? Wie mag es Josef damit gegangen sein? Nun, das Nächstliegende ist, dass er zutiefst enttäuscht und deprimiert gewesen sein dürfte. „Verlobt" bedeutete damals viel mehr als heute. „Verlobt" bedeutete, dass eine Ehe besiegelt, aber noch nicht vollzogen worden war. Wer seine Verlobte verlassen wollte, der musste sich scheiden lassen.

Der Schreinermeister und Steinmetz Josef musste wohl davon ausgehen, dass Maria eine Affäre gehabt hatte. Sein Vertrauen war missbraucht worden. Seine

Liebe mit Füßen getreten. Er fühlte nur eins: Es war „Aus" und „Vorbei", bevor es richtig angefangen hatte. Es würde keine gemeinsame Zukunft mit Maria geben. Keine gemeinsame Familie. Kein gemeinsames Glück. Alles zerbrochen und zerstört durch eine dumme, überflüssige Affäre. Josef war ein enttäuschter Mann.

Wie ist Josef damals mit dieser bitteren Enttäuschung umgegangen?

Das pseudofromme Bild von Josef, dem Statisten, das in vielen Köpfen herumspukt, sagt: Er ist ganz ruhig geblieben, „Good old Josef". Ganz still, ganz angepasst, ganz pflegeleicht. Doch das ist falsch! Komplett falsch. In der Bibel (Matthäus 1,20) heißt es: *Während er noch darüber aufgebracht und außer sich war ...*

Es war eben nicht so, dass „Good old Josef" brav dagesessen und ruhig darüber reflektiert hätte, dass Maria ihn betrog. Es dürfte eher so gewesen sein, dass Josef in höchstem Maße aufgebracht und außer sich gewesen ist. Der Mann war doch kein frommes „Häschen in der Grube"! Er war ein Schreinermeister und Steinmetz, also schon rein körperlich ein „Kerl"! Und so einer war natürlich wütend und aufgebracht über Marias (scheinbare) Eskapaden!

Haken wir „Good old Josef" also in unseren Gedanken getrost ab! Die Vorstellung von „Good old Josef" geht komplett an der Wirklichkeit vorbei!

7

Der verkannte Statist – Josef (2)

Während er noch darüber sehr aufgebracht[3] *war, erschien ihm ein Engel des Herrn im Traum. „Josef", sagte er, „du Sohn Davids, zögere nicht, Maria als deine Frau öffentlich zu dir zu holen. Denn das Kind, das sie erwartet, wurde vom Heiligen Geist gezeugt. Sie wird einen Sohn zur Welt bringen, den du Jesus, Retter, nennen sollst, denn er wird sein Volk von seinen Sünden retten.* (Matthäus 1,20-21)

Engel erscheinen in den Berichten der Bibel aufs Ganze gesehen äußerst selten. Nur an ganz wichtigen

3 Das griechische Originalwort *enqumeomai* wird in deutschsprachigen Bibeln in Matthäus 1,20 mit „nachdenken" übersetzt. *Enqumeomai* kann „nachdenken" heißen, aber an fast allen anderen Stellen, wo es im Neuen Testament auftaucht (z. B. Mt 2,16; Lk 4, 28; anders jedoch Apg 10,19) bedeutet es eben nicht „nachdenken", sondern „aufgebracht sein, wütend sein, außer sich sein"! Es spricht viel dafür, dass dies auch hier die richtige Bedeutung ist! Der Kontext des biblischen Berichtes zeigt Josef in einer extremen Ausnahmesituation seines Lebens. Die Übersetzung „aufgebracht sein" ist darum hier wohl die passendere, nicht das eher zahme „nachdenken".

Schnittstellen der Geschichte Gottes mit den Menschen tauchen sie auf. Dies hier ist so eine wichtige Stelle: Ein Engel Gottes begegnet Josef im Traum und bestärkt ihn in dem Entschluss, Maria auf keinen Fall wegen Ehebruchs anzuklagen.

Und mehr noch: Der Engel ermutigt Josef nachdrücklich, Maria nun auch zu heiraten und öffentlich in sein Haus zu holen. Und er klärt Josef darüber auf, dass Marias irrwitzig erscheinende Erklärung, durch den Heiligen Geist schwanger zu sein, tatsächlich den Tatsachen entspricht.

Was für eine Erleichterung muss das für Josef gewesen sein! Aber das Schwerste steht ihm ja jetzt noch bevor. Jetzt muss er sich den Leuten in seinem Dorf stellen, die Maria für eine Ehebrecherin halten. Er muss sich gegen all die Leute stellen, die mörderische Gedanken gegen Maria in sich tragen. Er muss sich ihrer Ablehnung und Aggression stellen. Er ganz allein! Es wird einsam um ihn werden und kalt. Er muss damit rechnen, dass die Leute vor ihm ausspucken auf der Straße, dass ihm nachts die Fensterscheiben eingeworfen werden oder morgens an die Haustür geschmiert zu lesen ist: „Hier wohnt eine Ehebrecherin!"

Josef weiß, dass er von nun an nicht mehr von Marias Seite weichen darf. Wo immer sie sich im Dorf blicken lassen wird, wird es ein Spießrutenlaufen für sie sein. Die Verachtung und das Misstrauen der Leute werden sie treffen. Maria wird Josefs Schutz brauchen – jeden Tag, jede Stunde. Sie werden das ganze Dorf gegen sich haben. Das wird schwer!

Aber Josef handelte entschlossen. Er heiratete Maria und holte sie – für alle sichtbar – öffentlich in sein Haus. Er stellte sich vor Maria und gegen die Menschen seines Dorfes, auch gegen seine Verwandten, von denen es mit Sicherheit einige in Nazareth gab. Er war Marias Beschützer.

Ohne die Entschlossenheit Josefs, Maria zu schützen, hätte diese sehr wahrscheinlich die Wochen und Monate bis zur Geburt ihres Kindes nicht überlebt. Ohne die Entschlossenheit Josefs wäre die Krippe leer geblieben. Ohne die Entschlossenheit Josefs hätte es keinen Engelsgesang auf den Feldern gegeben. Ohne die Entschlossenheit Josefs wären niemals Hirten eilends nach Bethlehem marschiert. Ohne die Entschlossenheit Josefs wären die Magier aus dem Osten umsonst gekommen. Ohne die Entschlossenheit Josefs wäre der Sohn Gottes, Jesus, nicht zu den Menschen gekommen. Ohne die Entschlossenheit Josefs hätte es keinen Retter gegeben, der sein Leben für die Menschen gegeben hätte am Kreuz. Ohne die Entschlossenheit Josefs wäre all das nicht geschehen.

Und später, als die Geburt Jesu heranrückte, da nahm Josef seine hochschwangere Frau mit nach Bethlehem. Warum eigentlich? Es war doch damals allgemein üblich, dass Männer ihre Familien als Oberhaupt repräsentierten! Sie mussten doch nicht mit Frau und Kind anrücken?

Warum hat Josef damals seine Frau dennoch mitgenommen? Er wusste, dass er Maria nicht allein in Nazareth zurücklassen durfte. Er musste damit rechnen, dass es während seiner Abwesenheit zu Anfeindungen gegen Maria kommen könnte. Darum nahm er sie mit nach Bethlehem! Trotz Schwangerschaft! Er war ein entschlossener Mann. Und er schützte Maria mit großer Entschlossenheit!

Statisten hauchen Film- und Fernsehproduktionen Leben ein. Gemeinsam ist ihnen allen, dass sie kaum je bewusst wahrgenommen werden. Sie sind da und irgendwie auch nicht! Von diesem Gedanken sind wir ausgegangen.

Doch nun wissen wir: Josef, der Mann der Maria und Pflegevater Jesu, ist kein Statist der Advents- und Weihnachtsereignisse. Er spielt eine wichtige Rolle in dem Drama der Menschwerdung Gottes. Er war ein sehr entschlossener Mann, der sich nicht scheute, um Gottes willen auch persönlich große Risiken einzugehen. Vergessen wir ihn und seine Entschlossenheit nicht. Gerade die Person des Josef ruft uns aus aller Glühwein- und Spekulatiusgemütlichkeit in die persönliche Begegnung mit Gott.

8

Gott ist pünktlich

Gott ist pünktlich! Das ist keine Behauptung von mir, sondern das steht wirklich so in der Bibel. Gott ist pünktlich! Gerade die Sache mit Weihnachten, um die ja unsere Gedanken in diesem Buch kreisen, macht es überdeutlich: Gott ist pünktlich.

Mitten in der Bibel steht ein Satz, der alles, worum es an Weihnachten geht, in einer einzigen Aussage zusammenfasst. Da heißt es im Brief des Paulus an Christen in der Türkei: *Als aber die Zeit erfüllt war, sandte Gott seinen Sohn* (Galater 4,4).

Wenn die Bibel sagt, dass Gott seinen Sohn Jesus zu den Menschen sandte, als die Zeit erfüllt war, dann ist damit gemeint: Es war weder zu spät noch zu früh. Es war weder zu langsam noch zu schnell. Es war einfach haargenau der richtige Zeitpunkt. Und damit ist klar: Gott ist pünktlich!

Es war also nicht einfach ein Zufall, dass Jesus ausgerechnet vor 2000 Jahren auf die Welt kam. Es war kein Ereignis, das genauso gut 100 Jahre früher oder später hätte stattfinden können. Nein, die Geburt Jesu vor 2000 Jahren war Bestandteil eines exakten göttlichen Plans.

Der Prophet Jesaja – er lebte ca. 700 Jahre vor Jesus – hat mit mehreren detaillierten Prophezeiungen auf die Geburt Jesu hingewiesen. Und sicherlich hat er selbst auch sehnlichst darauf gewartet, dass das Ereignis, das er ankündigen durfte, auch zu seinen Lebzeiten noch eintraf. Aber es war einfach noch nicht so weit. Es mussten noch etliche Jahre ins Land gehen, bis die Zeit reif war, d. h. bis alles für das Kommen Jesu, des Retters, vorbereitet war. Gott ist pünktlich!

Wenn man nun nur ein kleines bisschen in die Lebensumstände hineinschaut, die damals zur Zeit der Geburt Jesu herrschten, wird das sofort klar. Die griechische Sprache war damals im gesamten Mittelmeerraum vorherrschend. Als Griechenland im 2. Jahrhundert vor Christus von den römischen Truppen besiegt wurde, geschah etwas Bemerkenswertes: Die griechische Sprache setzte sich gegen die lateinische Sprache (die weiter Amtssprache blieb) im Alltagsleben der Menschen durch. Nur in Spanien dominierte das Lateinische.[4]

Die Römer akzeptierten das übrigens bereitwillig. Der Grund: Sie hatten einen hohen Respekt vor der griechischen Kultur, Sprache und Wissenschaft. Wer Griechisch sprechen konnte, galt als gebildet und war allgemein angesehen.[5] Bekannte römische Schriftsteller

---

4 Michael Green, Evangelisation zur Zeit der ersten Christen, Neuhausen-Stuttgart 1970, S. 14

5 https://www.weikopf.de/aber-warum-nicht-im-gesamten-reich.html

wie zum Beispiel Cicero (er lebte im 1. Jahrhundert vor Christus) waren „im Griechischen Experten".[6] Selbst zahlreiche römische Inschriften wurden in griechischer Sprache abgefasst.[7]

Der römische Aristokrat Publius Flavius Vegetius Renatus schreibt: „Niemand zweifelte daran, dass wir vor dem Wissen und der Klugheit der Griechen zurücktreten müssten."[8] Die Satiriker Decimus Iunius Iuvenalis und Marcus Valerius Martialis (sie lebten im 1. Jahrhundert nach Christus) „spotteten darüber, dass sogar das Frauenvolk ihre Liebesbeweise in griechischer Sprache anbrachte"[9]. Griechisch war damals wirklich Weltsprache.

Das wussten und darauf setzten die ersten Christen. Sie verfassten sämtliche Texte des Neuen Testaments in griechischer Sprache. So konnte die gute Nachricht von Jesus völlig ungehindert viele Menschen fast im gesamten römischen Reich erreichen. Und dabei blieb es eine ganze Weile. Das hohe Ansehen der griechischen Sprache, Kultur und Wissenschaft verhinderte für geraume Zeit das Eindringen der lateinischen Sprache in weiten Teilen des römischen Reiches. Das Evangelium konnte sich so ungehindert ausbreiten. Erst 250 Jahre später löste die lateinische Sprache die griechische als hauptsächlich gesprochene Sprache ab.

---

6 Michael Green, Evangelisation zur Zeit der ersten Christen, Neuhausen-Stuttgart 1970, S. 14

7 Ebd., S. 14

8 Publius, Flavius Vegetius Renatus, De re militari 1, 1

9 Ebd., S. 14

Jahrzehnte, bevor Jesus geboren wurde, gab es im römischen Reich nur wenig Straßen, auf denen man reisen konnte. Wer von einem Landesteil in den nächsten reisen wollte, musste in der Regel die Trecking-Stiefel anziehen und die Survival-Ausrüstung einpacken. Aber dann kam der römische Kaiser Augustus an die Macht, und der ließ jede Menge Straßen bauen. Und diese Straßen benutzten dann die Jünger Jesu, die Apostel, und konnten so sehr schnell große Strecken zurücklegen und Städte und Dörfer gut erreichen. Auch in dieser Hinsicht war alles bereit, als Jesus kam.

Im römischen Reich herrschten damals auch ziemlich stabile politische Verhältnisse, als Jesus geboren wurde. Das heißt, man konnte sich frei bewegen, ohne ständig von Straßenräubern bedroht oder von Bürgerkriegen überrascht zu werden. Auch das war wichtig für die Ausbreitung der guten Nachricht von Jesus. Die stabilen politischen Verhältnisse im Römischen Reich machten das Reisen sicher und gefahrlos. Jahrzehnte, bevor Jesus geboren wurde, waren die Lebensverhältnisse noch ganz anders gewesen: unsicher und instabil. Aber als Jesus in die Welt kam, war alles bereit!

Gott war also pünktlich, sein Timing war perfekt. Als Jesus in der Stadt Bethlehem geboren wurde, war alles optimal vorbereitet. Gott führte in der Weltgeschichte Regie. Er arrangierte alles bis ins Kleinste.

Das heißt aber nun nicht, dass er weiten Abstand zu uns hält. Im Gegenteil, Gottes Anliegen ist es, uns sehr nahe zu kommen. Wir müssen ihn nur arbeiten und wirken und rumoren lassen in unserem Leben. Gott kommt uns nahe. Aber wir müssen ihn auch hereinlassen. Sonst läuft unser Leben nach unserem eigenen Fahrplan. Und dann kann Gott nichts für uns tun.

Man kann ja zuweilen den Eindruck bekommen, dass Gott für manche Leute wie der Weihnachtsmann ist. Nur einmal im Jahr, am Heiligen Abend, da ist er aktuell und gefragt. Aber darüber hinaus, im ganzen restlichen Jahr, besteht wenig Interesse an ihm. Es läuft im Wesentlichen alles nach dem eigenen Schema „F". Nach vollbrachter Bescherung wird der Weihnachtsmann ja bekanntlich mit ein paar freundlichen Worten zur Tür hinauskomplimentiert und ist dann abgemeldet bis zur nächsten Weihnachtszeit.

Nun, nach allem, was bekannt ist, scheint der Weihnachtsmann mit dieser Behandlung einverstanden zu sein. Er ist ja auch nur eine Erfindung gestresster Eltern.

Aber bei Gott ist das anders. Er ist souverän! Er ist hinreißend in seiner Liebe. Aber auch ehrfurchtgebietend in seiner Heiligkeit. Er lässt uns die „Weihnachtsmann-Tour" nicht durchgehen! Er lässt sich nicht beschränken auf einen Tag, auf einen Abend des Jahres. Er kommt und bleibt uns nahe, weil er in unserem ganzen Leben arbeiten und schaffen will.

Weihnachten ist also keine Pfefferkuchen-Party! So harmlos geht es dort nicht ab! Weihnachten heißt: Gott kommt uns nahe, weil er in unserem ganzen Leben wohnen und schaffen und arbeiten und rumoren will. Das ist etwas Großes und Herrliches!

Gott ist pünktlich. Im Großen und im Kleinen! Auch bei uns und unserem Leben. Aber er erwartet von uns, dass wir aus ihm keinen Weihnachtsmann machen, sondern ihn so nehmen, wie er ist: der Herr der Welt. Und der Herr unseres Lebens.

9

Volkszählung

Man hat dem Verfasser der Weihnachtsgeschichte, dem Arzt und Schriftsteller Lukas, immer wieder einmal vorgeworfen, er habe keine Ahnung von den Ereignissen damals gehabt. Eine allererste große Volkszählung (Lukas 2,2) im gesamten Römischen Reich habe es damals gar nicht gegeben. Lukas habe sich das mit der Volkszählung und Maria und Josef in Bethlehem alles bloß ausgedacht.

Aber das ist einfach nur eine Behauptung! Viele, viele Geschichtswissenschaftler erkennen an, dass Lukas (der Verfasser des Lukasevangeliums) außergewöhnlich gut informiert war.[10] Lukas kannte sich bestens aus mit all den verschiedenen politischen Ämtern im Römischen Reich. Er wusste, wer etwas in welchem Amt bestimmen konnte. Er wusste, wie die römischen Behörden arbeiteten. Er kannte die richtigen Namen. Er kannte die politischen Ereignisse. Er wusste, was, wann und wo geschah.

---

10 Andreas Gerstacker, Was geschah an Weihnachten?, Marburg 2017, S. 18-21

Und das stimmt überein mit dem, was Lukas gleich in den ersten Sätzen seines Evangeliums schreibt. Dort stellt er nämlich fest, dass er alle Ereignisse rund um Jesus akribisch unter Berücksichtigung von Augenzeugen recherchiert hat. Das Lukasevangelium ist also – so betonen es viele Geschichtswissenschaftler ausdrücklich – eine erstklassige Quelle.

Nur in Lukas 2, bei der Volkszählung, da gibt's Probleme. Lukas verwendet in Vers 2 dieses Kapitels ein kleines griechisches Wort, das heißt „protos" oder „prote" Und dieses Wort kann man mit „der erste" oder „die erste" übersetzen (wie Luther es in seiner Bibelübersetzung gemacht hat). Es kann aber auch „früher" oder „vorher" oder „bevor" bedeuten.[11] Nun besteht aber das Problem, dass Lukas in Vers 2 sehr gedrängt formuliert, fast wie in einem Telegramm. Und darum ist genau dieser Vers nicht so leicht zu übersetzen. Man kann ihn übersetzen, wie Luther es tat: Und diese Schätzung war die allererste und geschah zu der Zeit, als Quirinius Statthalter in Syrien war. Man kann den Vers aber auch folgendermaßen übersetzen: Diese Volkszählung geschah, bevor Quirinius Statthalter der Provinz Syrien war.

Natürlich stellt sich jetzt die Frage: Welche Übersetzung ist die Richtige? Das kann man herausfinden! Dabei muss man sich zunächst dieses vor Augen führen: Volkszählungen gab es damals ziemlich viele. Die wurden alle paar Jahre gemacht. Überall im Römischen Reich. Als Jesus geboren wurde, regierte gerade Herodes

---

11 Ebd., S. 62-64

als König über Judäa, den südlichen Teil des Landes Israel. Er war ständig klamm und knapp bei Kasse und veranlasste darum ganz gern Volkszählungen, um seine Kassen mal wieder aufzufüllen. Dazu musste er sich aber immer mit Augustus, dem römischen Kaiser, abstimmen, denn der hatte natürlich immer das letzte Wort. Er war ja schließlich der Kaiser! Manchmal ließ Herodes nur die Bürger zählen. Das war die sogenannte „Kopfzählung" zur Zahlung der Kopfsteuer. Da konnten die Leute zu Hause bleiben. Manchmal aber ließ Herodes auch die Besitztümer zählen. Dann mussten alle dorthin, wo sie Besitz, d. h. vor allem Häuser oder Ländereien, hatten. Dann konnten die Leute nicht zu Hause bleiben. Dann gab es einen Riesentrubel. So eine Volkszählung hat Josef und Maria damals nach Bethlehem getrieben. Wahrscheinlich besaßen beide dort Land.

Die Statthalter der Römer in Kleinasien, in Syrien, in Ägypten und in Libyen machten auch alle gern Volkszählungen. Denn sie waren auch ständig klamm und knapp bei Kasse. Aber die römischen Statthalter veranstalteten ihre Volkszählungen selten gleichzeitig, sondern meist zeitlich versetzt. Wie es halt so passte. Ja, es wurde viel gezählt damals. Das war damals nicht anders als heute. Und wenn wieder einmal so eine Volkszählung angeordnet wurde, hieß es immer: „Das hat Augustus, der Kaiser in Rom, befohlen! Alle sollen sich zählen lassen!" Genauso, wie Lukas es in seinem Evangelium (Kapitel 2,1) berichtet.

Lukas war gut informiert. Und natürlich wusste er, dass es viele, viele Volkszählungen gegeben hatte, die alle – so wurde es stets betont – offiziell vom Kaiser Augustus befohlen worden waren. Lukas wusste das! Die Volkszählung, von der er berichtet, war keineswegs die allererste. Und weil das so war und weil Lukas das natürlich wusste, darum ist die vertraute Lutherübersetzung *Und diese Schätzung war die allererste* … leider nicht ganz richtig, sondern es muss heißen: *Diese Volkszählung geschah, bevor Quirinius Statthalter der Provinz Syrien war.*

Aber warum erwähnt Lukas ausgerechnet Quirinius, den römischen Statthalter in Syrien? Syrien war doch ziemlich weit entfernt! Damals gab es noch keinen durchlaufenden Kalender, wie wir ihn haben. Wenn die Menschen den Zeitpunkt eines Ereignisses beschreiben wollten, dann wählten sie ein wichtiges, schwerwiegendes Ereignis aus, das zeitlich einigermaßen in der Nähe lag und das alle kannten. Und dann sagten sie so: „Ungefähr damals, als dieses schwerwiegende Ereignis stattfand, da ist auch dies geschehen: Da hat mein ältester Sohn geheiratet. Da habe ich mein erstes Enkelkind bekommen. Da ist mein Vater gestorben."

Lukas bringt also die Volkszählung, die Maria und Josef nach Bethlehem brachte, mit Quirinius in Verbindung. Er schreibt: Diese Volkszählung geschah, bevor Quirinius Statthalter der Provinz Syrien war. Aber was hatte Quirinius Schwerwiegendes getan? Nun, er hatte etwas getan, das das ganze Land Israel damals in Aufruhr brachte. Es kam zu Gewaltexzessen. Terroristen attackierten Politiker. Warum? Quirinius nahm damals Herodes dem Großen, der bisher über den Süden des

Landes Israel regiert hatte, seine Macht weg und verwandelte Judäa in eine römische Provinz. Das hatte sich Kaiser Augustus in Rom so ausgedacht. Der fand, Herodes sei etwas zu rebellisch geworden. Und so verloren die Menschen in Judäa ihre Selbstständigkeit als Nation. Sie wurden einfach zu römischen Untertanen gemacht. Das war für viele ganz schrecklich. Und so brannte sich dieses traumatische Ereignis tief ins kollektive Unterbewusstsein der Menschen ein.[12]

Lukas sagt nun sinngemäß Folgendes: „Kurz bevor Quirinius in Syrien Statthalter wurde und Judäa fatalerweise zur römischen Provinz machte, fand eine Volkszählung in Judäa statt. In dieser Volkszählung, die noch Herodes der Große (natürlich im Namen des Kaisers Augustus) veranlasste, wurden Besitztümer gezählt. Da Josef und Maria Besitz in Bethlehem hatten, waren sie gezwungen, nach Bethlehem zu gehen."

Und damit ist klar: Lukas wusste, wovon er sprach. Präzise markiert er den Zeitpunkt, zu dem Josef und Maria nach Bethlehem gingen. Präzise markiert er auch den Zeitpunkt, an dem Jesus geboren wurde.

12 Andreas Gerstacker, Was geschah an Weihnachten?, Marburg 2017, S. 20, 34-35.

10

Krippe, Stall und Herberge

Mit Krippe, Stall und Herberge sind wir alle vertraut. Zahllose Krippenspiele und Predigten am Heiligen Abend präsentieren immer wieder diese drei Details: Krippe, Stall und Herberge. Wir haben den hartherzigen Wirt vor unserem inneren Auge, der die hochschwangere Frau nebst Ehemann in einen Stall abschiebt. Und selbstverständlich wissen wir um Ochs und Esel, die (angeblich) ebenfalls im Stall logierten.

Die Frage ist nur: Was sagt der Bericht der Bibel tatsächlich? Wo wurde Jesus, das Krippenkind, in Bethlehem geboren? Was war mit dem Stall? Wo stand die Krippe? Und was war tatsächlich mit Herberge und Wirt?

Nun, es scheint mir so zu sein, dass wir alle – ohne es zu wissen – von einer Geschichte geprägt sind, die ein Christ unter einem Pseudonym etwa 200 Jahre nach Jesu Geburt geschrieben hat. Das Werk trägt den Titel: „Das Proto-Evangelium des Jakobus." Der Verfasser dieses Werks kannte die Geografie und die Lebensweise der Bewohner Israels nicht. Dafür hatte er eine Menge

Fantasie. Sein Buch wurde in viele Sprachen übersetzt und beeinflusste die Christen durch die Jahrhunderte hindurch massiv. Bis heute. Und es verbaut dadurch den Zugang zu dem, was die Bibel wirklich berichtet.[13]

Hören wir hinein in seine Geschichte: Der anonyme Verfasser schildert, wie Josef und Maria sich auf den Weg nach Bethlehem begeben. Bei ihm reitet Maria auf einem Esel. Aha, daher also der Esel! In der Weihnachtsgeschichte nach dem Lukasevangelium kommt nämlich kein Esel vor. Bevor sie Bethlehem erreichen, sagt Maria, dass sie absteigen müsse, weil das Kind käme. Auch davon berichtet Lukas nichts. Josef bringt Maria in einer Höhle am Weg unter und hastet nach Bethlehem weiter auf der Suche nach einer Unterkunft. Aber in Bethlehem ist kein Quartier zu finden. Josef kehrt unverrichteter Dinge zurück, bringt allerdings eine Hebamme mit. Diese wiederum ist nicht mehr nötig, da Maria das Kind inzwischen ganz allein zur Welt gebracht hat. Wie aus dem Nichts taucht dann eine Frau namens Salome auf. Sie äußert Zweifel daran, dass hier der Sohn Gottes geboren wurde. Daraufhin wird sie aussätzig. Erst als sie den neugeborenen Jesus berührt, wird sie wieder gesund, usw., usw.[14]

Schauen wir nun, was Lukas, der Verfasser der Weihnachtsgeschichte, tatsächlich berichtet:

---

13 Der vollständige Text des „Proto-Evangeliums des Jakobus" kann unter http://www.jakobus-weg.de/aJakw/3Spiritua/Jkevangel.htm eingesehen werden.

14 Kenneth E. Bailey, Jesus Through Middle Eastern Eyes, London 2008, S. 27

Auch Josef machte sich auf den Weg. Er gehörte zur Nachkommenschaft Davids und musste deshalb aus der Stadt Nazareth in Galiläa nach der Stadt Bethlehem in Judäa reisen, um sich dort mit Maria, seiner Verlobten, eintragen zu lassen. Maria war schwanger, und während sie in Bethlehem waren, kam für sie die Zeit der Entbindung. Sie brachte ihr erstes Kind zur Welt. Es war ein Sohn. Sie wickelte ihn in Windeln und legte ihn dann in eine Futterkrippe, weil sie keinen Platz in der Unterkunft fanden. (Lukas 2,4-7)

Lukas schreibt nichts davon, dass Maria bereits Wehen hatte, als sie mit Josef in Bethlehem eintraf. Lukas berichtet ziemlich undramatisch, dass die Zeit der Entbindung kam, während Maria und Josef in Bethlehem waren. Die Schilderung, dass Maria bereits in Wehen gewesen sei, während sie mit Josef durch das überfüllte Bethlehem irrte, ist ein Fake! Lukas schreibt nichts davon.

Ja, und dann die „Herberge" … Was ist mit der „Herberge"? Immer wieder wird doch am Heiligen Abend gelesen: Sie hatten sonst keinen Raum in der Herberge. Ich bin sicher, dass es in Bethlehem mehr als eine Herberge gab. Aber Lukas spricht nicht von einer Herberge! Für „Herberge", also so eine Art Hotel, gibt es ein spezielles Wort in der griechischen Sprache. Es heißt *pandocheion*. Aber im Bericht des Lukas über die Geburt des Messias steht nichts von einer *pandocheion*. Da steht ein ganz anderes Wort: *katalyma*. Eine *katalyma* ist keine „Herberge" und auch kein Hotel, sondern ein Gästezimmer. Zur Not kann man *katalyma* auch mit

„Unterkunft“ übersetzen. Aber eigentlich heißt es „Gästezimmer“. Halten wir jedoch zunächst fest: Im Bericht des Lukas gibt es kein Hotel, keine „Herberge“, wo kein Platz mehr zu finden war. Es gibt nur ein Gästezimmer, wo kein Platz mehr war.

Das bedeutet natürlich, dass zahlreiche Krippenspiele jetzt eigentlich umgeschrieben werden müssten. Denn die uns so lieb gewordene „Herberge“ mit dem hartherzigen Wirt wurde von Josef und Maria nie angesteuert.

Aber was ist dann mit dem „Stall“? Wo eine Futterkrippe ist, muss doch auch ein Stall sein. So denken wir, weil wir das aus unseren Breitengraden so gewöhnt sind. Aber Lukas erwähnt keinen Stall. Er spricht nur von einer Futterkrippe. Kein Wunder! Denn in Israel hatten damals nur sehr reiche Leute einen Stall. Wenn überhaupt, wurden die Schafe oder Rinder nachts in einem ummauerten, halbhohen Pferch ohne Dach untergebracht. Aber die ganz normalen kleinen Leute hatten noch nicht einmal das.

Diese ganz normalen Wohnhäuser der ganz normalen Leute hatten nur einen einzigen Raum. Und dort spielte sich das ganze Leben ab. Auch das Leben der Haustiere. Dieser Raum bestand aus einer Art Wohnzimmer. Von dort aus führten drei Stufen zu einer Art „Stall“ für die Haustiere (Schafe, Ziegen). In diesen „Stall“ wurden nachts die Tiere von draußen hereingebracht, um sie vor Dieben zu schützen. Dieser „Stall“ war zum Wohnzimmer hin offen. Das heißt: Mensch und Tier konnten sich sehen und hören, und – ganz wichtig! – die im Haus lebenden Menschen konnten von der Wärme der Tiere profitieren. Die Futterkrippen mit dem Futter für die Tiere waren zwischen Wohnzimmer und Stall angebracht. Die Tiere konnten nachts also in Ruhe fressen, wenn sie Hunger hatten, während die Hausbewohner direkt neben ihnen im Wohnzimmer schliefen.

Und nun noch einmal zu dem „Gästezimmer" *(katalyma)*. Viele dieser Ein-Raum-Wohnhäuser hatten entweder auf dem Dach, häufiger aber als Anbau ein Gästezimmer, ein sogenanntes *katalyma*. Dort wurden Besucher untergebracht. Lukas berichtet nun, dass das *katalyma*, das Gästezimmer, bereits belegt war, als Josef und Maria in Bethlehem eintrafen. Sie hatten keinen Platz im Gästezimmer, schreibt er. Kein Wunder, dass es belegt war. In Bethlehem fand ja eine Volkszählung statt. Alle verfügbaren Quartiere waren schon belegt.

Maria und Josef wurden aber trotzdem aufgenommen. Allerdings musste Maria ihr Kind im „Wohnzimmer" zur Welt bringen, nicht in der Abgeschiedenheit des Gästezimmers. Nach der Geburt wickelte sie das Neugeborene in Windeln und legte es dann (praktischerweise) in eine der Futterkrippen. Die befanden sich ja direkt vor ihr. Maria hat also ihr Kind im Wohnzimmer nahe der Futterkrippen zur Welt gebracht und es dann in einer dieser Futterkrippen zum Schlafen hineingelegt.

Es gab also gar keinen „Stall" irgendwo draußen im Freien, in dem Jesus zur Welt kam. Jesus wurde bei einfachen, ganz normalen Leuten im Wohnzimmer geboren und dann in eine der Futterkrippen gelegt, die sich – angrenzend an das Wohnzimmer – direkt im Haus befanden.[15]

„Ja, aber", könnte man nun doch einwenden, „wer sollte denn Josef und Maria aufnehmen? Die kannten doch niemanden in Bethlehem." Wirklich nicht?

Ich glaube doch! Maria und Josef stammten ja aus Bethlehem. Zumindest Josef besaß dort vermutlich Land. Sie hatten also Verwandte in Bethlehem. Josef und Maria kannten sehr wahrscheinlich etliche Bewohner dort! Und so sind sie bei Verwandten untergekommen, deren Gästezimmer allerdings schon belegt war. Jesus wurde in einem Wohnzimmer geboren und in die Futterkrippe eines Ein-Raum-Hauses gelegt. Das allein – und nichts anderes – berichtet Lukas.

15 Kenneth E. Bailey, Jesus Through Middle Eastern Eyes, London 2008, S. 28-36

11

Hirten, Engel und Windeln

Nun also die Hirten … Was waren das für Leute? Nun, es waren arme Leute. Ein Hirte verdiente nur wenig Geld. Aber die Hirten waren keine Obdachlosen und keine Landstreicher. Das wäre eine falsche Vorstellung von ihnen. Sie waren keine Outlaws! Selbstverständlich hatte jeder der Hirten irgendwo ein Häuschen stehen (ein sehr bescheidenes natürlich!). In diesen – sehr bescheidenen – Häuschen waren ihre Familien untergebracht. Diese Häuser standen zwar nicht gerade an der Haupt-Einkaufsstraße Bethlehems, sondern eher am Rande der Stadt. Aber immerhin: Sie hatten ein Zuhause. Das wird – wie wir sehen werden – noch wichtig sein.

Ja, und dann bekommen die Hirten von einem Engel Gottes eine sehr besondere Nachricht. Hier ist der Weihnachtsbericht des Lukas:

In der gleichen Nacht hielten ein paar Hirten draußen auf dem freien Feld Wache bei ihren Herden. Plötzlich trat ein Engel des Herrn zu ihnen, und das Licht der Herrlichkeit Gottes umstrahlte sie. Sie erschraken sehr und hatten

Angst. Aber der Engel sagte zu ihnen: „Ihr müsst euch nicht fürchten, denn ich bringe euch eine gute Nachricht, über die sich das ganze Volk freuen wird. Heute Nacht ist in der Stadt Davids euer Retter geboren worden. Es ist der Messias, der Herr. Ihr werdet ihn daran erkennen, dass ihr ein Kind findet, das in Windeln gewickelt in einer Krippe liegt." Plötzlich waren sie von ganzen Heerscharen des Himmels umgeben, die alle Gott lobten und riefen: „Ehre und Herrlichkeit Gott in der Höhe und Frieden den Menschen im Land, auf denen sein Gefallen ruht." Als die Engel in den Himmel zurückgekehrt waren, sagten die Hirten zueinander: „Kommt, wir gehen nach Bethlehem! Sehen wir uns an, was da geschehen ist, was der Herr uns sagen ließ." Schnell brachen sie auf und fanden Maria und Josef und auch das Kind, das in der Futterkrippe lag. (Lukas 2,8-16)

Woran haben die Hirten wohl gedacht, als sie das Wort „Messias" von dem Engel hörten? „Messias" bedeutet „der Gesalbte". Das hat nichts mit „Salbe" zu tun, sondern bedeutet schlicht „Königswürde"! Der Messias ist der König! Er ist der Höchste! Die Hirten werden also sofort an den berühmten König David und an einen Königspalast gedacht haben. Dort musste der Messias zur Welt gekommen sein.

Da ein Engel sich im Allgemeinen mit menschlichen Gedanken ganz gut auskennt, schob der Himmelsbote Gottes allen Fantasien über einen Königspalast sofort einen Riegel vor. Er sagte: „Ihr werdet den Messias daran erkennen, dass ihr ein Kind findet, das in Windeln gewickelt in einer Krippe liegt."

Da war für die Hirten sofort alles klar: Sie mussten den neugeborenen Messias nicht in einem Königspalast, sondern in einem Ein-Raum-Haus suchen. In einem Haus von dem Typ, wie sie selbst es bewohnten. Ohne Umschweife gesagt: Sie mussten in einem ganz normalen Haus mit ganz normalen Leuten suchen. Das haben sie dann ja auch getan. Und nach einigem Suchen haben sie die Jesus-Familie gefunden.

Jetzt komme ich noch einmal auf die Wohnhäuser der Hirten zurück. Wir erinnern uns: Die Hirten waren keine Obdachlosen, keine Landstreicher und keine Outlaws. Sie bewohnten bescheidende Ein-Raum-Häuser. Und jetzt nehmen wir mal für einen Moment an, sie hätten Josef und Maria und den neugeborenen Jesus wirklich in einem Stall vorgefunden. Was hätten sie wohl getan, wo sie doch wussten, dass das neugeborene Kind der Messias war, der Retter, der König, der Höchste? Nun, ganz bestimmt hätten sie die kleine Familie nicht in dem zugigen, dreckigen Stall gelassen. Nein, sie hätten gesagt: „Ihr kommt jetzt bitte mit in eines unserer Häuser! Unsere Frauen werden sich um euch kümmern! Hier könnt ihr unmöglich bleiben!" Ja, so hätten sie gesagt. Und sie hätten ja auch recht damit gehabt!

Aber die Hirten sagten nichts dergleichen, sondern brachen nach kurzer Zeit wieder auf. Und dafür gibt es nur eine Erklärung: Sie sahen, dass die Jesus-Familie bereits gut untergebracht war. Sie hatte es trocken. Sie hatte es warm. Und ein Bettchen für den Neugeborenen gab es auch. Mehr hätten sie selbst der Familie auch nicht bieten können.

Bleibt noch eine Frage: Was sagt uns der Bericht des Lukas über die Geburt des Krippenkindes und über die Umstände dieser Geburt?

Er sagt uns, dass Gott gerne zu den ganz normalen Leuten kommt. Nicht bei den Reichen, den Prominenten, den Berühmten schlägt er sein Lager auf, sondern bei ganz normalen Leuten.

Der bekannte amerikanische Präsident Abraham Lincoln hat einmal gesagt: „Gott muss die ganz normalen Leute sehr lieben. Sonst hätte er nicht so viele von ihnen gemacht!"

Ich glaube, Abraham Lincoln hat recht. Denn der Bericht des Lukas sagt genau dasselbe: Gott kommt gerne zu den ganz normalen Leuten: als das Kind in der Krippe, als Messias, als der König aller Könige. Und als der Retter.

12

Warum bloss die Hirten? (1)

Eigentlich wäre es viel einfacher gewesen, die Bürger von Bethlehem über die Geburt des Retters Jesus zu informieren, damals in der Weihnachtsnacht. Und nicht nur ein paar Hirten auf dem Feld. Die Bürger von Bethlehem waren doch viel, viel näher dran! Die mussten doch nicht erst kilometerweit anreisen. Die hätten nur ein paar Schritte nötig gehabt. Das Haus, die Krippe, das Kind – sie waren doch mitten drin in Bethlehem! Es hätte doch vollauf genügt, einen einzigen Bürger Bethlehems zu informieren (z. B. den Bürgermeister), und schon wäre die halbe Stadt zusammengelaufen. Das wäre doch nun wirklich die nächstliegende Lösung gewesen!

Stattdessen die Hirten. Nur sie wurden in dieser Nacht von Gott informiert! Unbegreiflich! Mitten in der Nacht mussten sie nun die Stiefel schnüren, die Mäntel anziehen, die Pelzkappen aufsetzen. Mitten in der Nacht mussten sie von weit draußen erst einmal herbeikommen. Kostbare Zeit ging verloren, während in Bethlehem alles schlief und keiner wachte.

Warum bloß waren ausgerechnet die Hirten die Ersten, die von der Geburt des Gottessohnes erfuhren?

Nun, vielleicht (so könnte man denken) lag es daran, dass die Hirten grad nichts Besseres zu tun hatten. Vielleicht räkelten sie sich behaglich auf ihrem Hirtenfell, schmauchten ihre Hirtenpfeife und sahen verträumt ins Lagerfeuer. Da konnten sie ja ebenso gut die Zeit nutzen, um einen Ausflug nach Bethlehem zu machen. Also wurden sie als Erste informiert. Es war sozusagen eine Arbeitsbeschaffungsmaßnahme. So könnte man denken!

Aber das wäre ein Irrtum! Gerade die Hirten konnten eigentlich nicht weg von ihrer Herde! Denn die Schafe gehörten ihnen ja nicht. Die gehörten ja anderen Leuten. Wenn auch nur ein einziges von den Tieren verloren ging, würde man ihnen (den Hirten) nicht nur das Fell über die Ohren ziehen. Ihnen würde der Gegenwert eines jeden verlorenen Schafes vom Hirtenlohn abgezogen werden. Und so ein Hirtenlohn war eh' schon knapp bemessen. Nein, gerade die Hirten hätten allen Grund gehabt, tunlichst bei ihrer Herde zu bleiben. Und trotzdem wurden nur sie von dem Engel in strahlend hellem Licht über die Geburt des Retters informiert. Warum nur?

Erste Antwort: Die Hirten waren *angewiesen*.

Die Hirten waren angewiesen, total angewiesen darauf, dass Gott sich um sie kümmerte. Sie waren angewiesen darauf, dass Gott sich in ihrem Leben bemerkbar machte. Denn sie waren Leute, die sehr weit weg waren von Gott – und von den Menschen. Sie hatten keinen besonders guten Ruf im Lande Israel. Sie galten als die „Schläger der Nation". „Leg' dich nie mit einem Hirten an!", war damals die Devise ihrer Mitmenschen. Die Hirten damals glaubten genauso wenig an Krippenzauber und Weihnachtsmärchen wie die meisten Menschen heute auch! Die rauchten ihren Tabak. Die tranken ihren Kaffee. Die passten auf die Schafe auf und dachten nicht im Traum daran, nach Bethlehem zu gehen, um ein Baby zu besuchen. Nach Bethlehem gingen sie nur, wenn Zahltag war. Und dann gingen sie auch nicht in irgendein Haus, sondern in die Kneipe. Solche Leute waren das: weit weg von Gott und weit weg von den Menschen.

Und ausgerechnet diese schräge Truppe sucht Gott sich aus, um die Welt über die Geburt seines Sohnes in Kenntnis zu setzen! Warum bloß?

Gott wollte uns allen etwas zeigen! Er wollte uns klarmachen: Menschen können weit wegkommen von Gott, von ihrem Schöpfer. Sie können sogar so weit wegdriften, dass sie meinen, es gäbe ihn gar nicht. Aber kein Mensch kann so weit abdriften, dass er für Gott nicht mehr erreichbar wäre. Egal, wie verlebt und verkommen er sein mag. Egal, wie leer und öde sein Leben ist. Egal, wie zynisch und abgebrüht er geworden sein mag: Gott sieht ihn dennoch. Gott will ihn dennoch. Gott liebt ihn dennoch.

Gott lässt sich nicht abschrecken von dem Negativen, das sich in unserm Leben angehäuft hat. Er lässt sich jedoch auch nicht beeindrucken von unseren vermeintlich guten Taten. Er liebt uns einfach: geradlinig und klar und völlig unbeirrbar! Kein Mensch kann so tief absacken, dass Gott ihn nicht mehr zu fassen kriegt. Kein Mensch kann so verloren sein, dass Gott ihn nicht doch noch retten könnte. An den Hirten wird das klar, denn sie waren sehr weit weg von Gott. Und dennoch trat Gott in ihr Leben hinein und brachte sie auf den Weg zu Jesus, seinem Sohn.

Wir alle sind angewiesen darauf, dass Gott das auch bei uns tut. Wir alle sind angewiesen darauf, dass Gott sich in unserem Leben bemerkbar macht. Wir alle sind angewiesen darauf, dass Gott uns verlorene Menschen rettet, uns von verhängnisvollen Wegen wegholt und uns immer wieder zu sich zieht! Nicht nur die Hirten waren angewiesen. Wir sind es auch!

Es gibt Menschen, die sind weit fort von Gott, sie waren es schon immer und kennen es gar nicht anders! Sie haben sich arrangiert mit einem Leben ohne ihn! Aber sie spüren, dass ihr Leben kalt geworden ist über die Jahre und öde und leer und sinnlos. Sie spüren eine verborgene Sehnsucht nach Gott. Aber sie trauen sich nicht hin zu ihm, weil sie meinen, Gott würde sich abwenden, weil er nichts mit ihnen zu tun haben will.

Es gibt andere, in deren Leben ist Gott mit den Jahren von Stress und Arbeit und Geld und Haus und Sorgen immer weiter an den Rand gedrängt worden, bis er zum Zaungast geworden ist. Sie schämen sich, weil sie so treulos gewesen sind, und meinen, Gott habe sie längst aufgegeben.

Und dann gibt es wieder andere, die wollen eigentlich liebend gerne mit Jesus leben, haben als Christen aber manche Fehlentscheidungen getroffen und trauen sich gar nicht mehr zu ihm hin. Sie empfinden nur noch die zentnerschwere Last der Fehler und Irrtümer in ihrem Leben und können nichts anderes mehr sehen. Vielleicht haben auch wir selbst den Eindruck, dass Gott mit uns nichts mehr anfangen kann?

Wenn Sie zu diesen Menschen gehören sollten, dann denken Sie an die Hirten: Sie beweisen das Gegenteil! Sie waren weit weg von Gott! Sehr weit weg! Sie hatten gar nichts vorzuweisen an irgendwelchen frommen Leistungen! Sie hatten nur ihr kleines, unansehnliches Leben! Und doch ist Gott in ihr Leben getreten. Er ließ sie sogar als Allererste von der Geburt des Retters hören. Für Gott gibt es keine Sonderfälle. Für Gott gibt es nur normale Sünder. Und die liebt er – ohne Ausnahme.

Warum bloß waren es die Hirten, die als Erste von der Geburt Jesu hörten? Eine Antwort kennen wir jetzt: Weil an ihnen beispielhaft deutlich wird, wie sehr wir darauf angewiesen sind, dass Gott in unser Leben tritt und uns anspricht, uns zu sich zieht und uns rettet.

13

WARUM BLOSS DIE HIRTEN? (2)

Die Hirten waren nicht nur angewiesen. Sie waren auch ansprechbar. Mit Sicherheit war es eine äußerst beeindruckende Erfahrung, die Engel zu sehen und ihre Worte zu hören. Taghell wird die Nacht, als ob man eine Flutlichtanlage eingeschaltet hätte. Und dann die Worte des Gottesboten: gewaltig und ehrfurchtgebietend!

Die Hirten tun nun etwas, das äußerst wichtig ist: Sie hören die Botschaft Gottes aus dem Munde des Engels. Und sie gehen nicht darüber hinweg. Sie sind alles andere als cool. Sie gehen nicht einfach zur Tagesordnung über. Sie sind ansprechbar für Gott. Und das ist das Besondere an ihnen!

Wir Menschen können ja zuweilen äußerst kühl und schnoddrig über Dinge hinweggehen, die eigentlich von Bedeutung sind.

So haben zum Beispiel die Beamten auf dem Ordnungsamt der italienischen Kleinstadt Lunamatrona eisern die Ruhe bewahrt, als ein von der Radarfalle erwischter Temposünder sein Bußgeld mit kleinen

Münzen bezahlen wollte. Wie der italienische Rundfunk berichtete, schleppte der Zu-Schnell-Fahrer, ein Mathematiklehrer, zwei elf Kilogramm schwere Säcke mit Münzen zum Ordnungsamt, um auf diese Weise sein Bußgeld von 125 € zu entrichten. Höhnisch forderte er die Beamten auf, das Geld doch nachzuzählen. Die jedoch blieben cool, wahrten die Contenance, nahmen die Säcke entgegen und stellten dem Mann eine ordentliche Quittung aus. Gezählt wurde nach Dienstschluss.

Ganz sicher gibt es Situationen, in denen es nützlich ist, ein dickes Fell zu haben und ganz cool zur Tagesordnung überzugehen. Aber wenn Gott zu uns redet, dann ist das etwas anderes. Dann ist nur eines angemessen: genau zuhören! Und das Herz auf Empfang stellen.

Es gibt so viele Menschen, die zu Weihnachten an irgendeinem Ort in irgendeiner Kirche sitzen. Sie hören den Bericht über die Geburt von Jesus, dem Gottessohn, und sitzen da auf ihrer Bank. Und irgendwann merken sie, dass Gott ganz leise begonnen hat, zu ihrem Herzen zu reden. Sie merken, wie Gott sie einlädt, nicht mehr so weiterzumachen wie bisher, sondern ihn hineinzulassen in ihr Leben. Sie merken: Gott ist da. Er wirbt um mich. Er steht unmittelbar vor meiner Tür. Dann erwacht in ihnen eine tiefe Sehnsucht, endlich mit Gott ins Reine zu kommen. Nichts anderes wollen sie mehr, als nur das: mit Gott ins Reine kommen und dann ernsthaft und dauerhaft mit ihm leben!

Und dann – gehen sie nach Hause. Als Erstes verdrängt ein gutes Essen die Erfahrung von eben. Und dann ein Schnäpschen. Und dann ein Weihnachtsschläfchen.

Und dann irgendwann der Alltag. Schicht auf Schicht wird alles zugedeckt. Sie gehen zur Tagesordnung über. Sie sind nicht mehr ansprechbar für Gott. So vergeht ein weiteres Jahr ihres Lebens. Bis zum nächsten Weihnachtsgottesdienst.

Ich weiß natürlich nicht, ob es bei Ihnen so ist (oder war). Aber wenn es so sein sollte, dann bitte ich Sie: Machen Sie es in diesem Jahr anders! Wenn Gott begonnen hat, leise (oder auch lauter) zu Ihnen zu reden, dann lassen Sie nicht zu, dass alles wieder zugedeckt und vergessen wird. Gehen Sie nicht zur Tagesordnung über! Hören Sie auf das, was Gott Ihnen zu sagen hat. Hören Sie zu, als ob es die letzten Worte wären, die Sie in Ihrem Leben hören! Und stellen Sie Ihr Herz auf Empfang!

So haben es die Hirten gemacht. Sie haben zugehört. Sie waren ansprechbar. Ihre Herzen waren auf Empfang gestellt. Auch darum hat Gott gerade die Hirten ausgewählt, die Weihnachtsbotschaft hören zu dürfen. Diese Leute hörten zu! Stark und konzentriert. Und so konnte Gott ihr Leben verändern.

14

Warum bloss die Hirten? (3)

Wenn Menschen konzentriert zuhören, sobald Gott zu ihnen redet, dann hat das immer Folgen: Sie geraten in Bewegung. Bei den Hirten ist das buchstäblich so gewesen: Sie gehen los, bei Nacht und Nebel. Ohne Pause. Ohne Verzögerung.

Die Hirten haben kein langes Palaver veranstaltet. Sie haben nicht umständlich diskutiert, um dann einen Mehrheitsbeschluss herbeizuführen. Sie haben nicht problematisiert und psychologisiert. Sie sind losgegangen.

Das war nicht ohne Risiko. Die Schafe auf der Weide gehörten ja nicht den Hirten! Sie gehörten anderen Leuten. Aber die Hirten waren verantwortlich für die Tiere. Und jetzt ließen sie sie allein. Wenn die Herde sich zerstreute und Tiere umkamen, wenn Diebe kommen würden oder Wölfe zufassten, dann würde man sie, die Hirten, dafür zur Verantwortung ziehen. Dann würde es ernst werden. Dann wären sie wohl ihren Job los.

Die Hirten wissen das. Sie kennen das Risiko. Und dennoch gehen sie los. *Lasst uns nun gehen nach*

Bethlehem!, sagen sie. Wörtlich übersetzt steht da sogar: *Lasst uns nun hindurchgehen nach Bethlehem!* Lasst uns ohne Pause durchmarschieren, bis wir da sind!

Sie haben Gottes Wort gehört. Jetzt geraten sie in Bewegung. Sie tun ganz einfach das, was Gott ihnen gesagt hat. Sie gehen nach Bethlehem. Ohne Pause. Ohne Zögern. Sie hören und handeln.

Warum bloß die Hirten?, war unsere Frage. Hier wird es deutlich: Sie waren nicht nur angewiesen auf Gott. Sie waren nicht nur ansprechbar für ihn. Sie waren auch beweglich. Das heißt, sie waren bereit, sich in Bewegung setzen zu lassen von Gott. Auch darum wählte Gott gerade diese Leute als Boten der Weihnachtsbotschaft aus.

Das ist wichtig – auch für uns! Wer Weihnachten richtig feiern will, der muss bereit sein, sich von Gott in Bewegung setzen zu lassen. Da stehen uns nun leider unsere Weihnachtssitten im Wege. Denn die sind ganz und gar nicht auf Bewegung ausgerichtet: Nach dem guten, reichlichen Weihnachtsessen und nach zahllosen süßen Plätzchen sind wir kaum dazu aufgelegt, uns in Bewegung zu setzten. Eher schon entsteht das Bedürfnis, sich auszuruhen und rumzusitzen. Das ist – bei Lichte besehen – eine sehr unweihnachtliche Sitte.

Zu Weihnachten gehört Bewegung! Viel Bewegung! Die Hirten machen es uns vor. Sie haben nach der Erscheinung des Engels keine Lammkeule mit Lorbeerblatt geschmort und auch kein Rotkraut gewärmt oder Bratäpfel gebacken. Nein, sie sind aufgestanden und losgelaufen, ohne ans Essen zu denken. Bis sie bei Jesus waren, dem Retter.

Wenn Sie Weihnachten richtig feiern wollen, dann machen Sie es wie die Hirten: Lassen Sie sich von Gott in Bewegung setzen und tun Sie, was er Ihnen sagt. Vielleicht stehen in Ihrem Leben Veränderungen an, die Sie längst als notwendig erkannt haben, denen Sie aber bisher beharrlich aus dem Weg gegangen sind! Wenn es so ist, und wenn Gott dieser Tage bei Ihnen seinen Finger auf so eine „alte Sache" gelegt hat, dann machen Sie es doch bitte wie die Hirten: Lassen Sie sich von Gott in Bewegung setzen. Tun Sie den Schritt vom Hören zum Handeln. Und dann seien Sie hellwach und aufmerksam und achten darauf, was Jesus in Ihrem Leben anpacken wird. Denn auch das können Sie von den Hirten lernen.

15

WARUM BLOSS DIE HIRTEN? (4)

Mit großer Erwartung sind die Hirten nach Bethlehem geeilt. Gott hatte ihnen eine genaue Beschreibung gegeben, wen sie wo und wie vorfinden würden. Also sind sie mit einer großen, brennenden Erwartung in ihren Herzen losgelaufen. Es konnte ihnen gar nicht schnell genug gehen. Es steht da ausdrücklich: *Sie kamen eilend.* Und sie fanden tatsächlich Christus, den Retter. Sie erkannten: Was Gott sagt, stimmt. Es stimmt immer und ohne Ausnahme! Es ist verlässlich und trifft unfehlbar ein. Das muss für die Hirten überwältigend gewesen sein. Alles stimmte bis ins Detail. Alles fanden sie genau so vor, wie Gott es angekündigt hatte (siehe Vers 16). Möglicherweise haben sie in Gedanken eine Checkliste abgehakt: Die Krippe – ist da. Die Eltern – sind da. Die Windeln – ebenfalls.

Hirten sind aufmerksame Leute. Ihre Augen, d. h. ihr Beobachtungsvermögen, sind trainiert und geschult von der Arbeit mit den Schafen. Als Hirte muss man ja genau hinschauen.

Und jetzt sehen sie: Alles, was Gott gesagt hat, war zutreffend. Es war alles wahr! Kein Märchen. Keine Einbildung. Kein schöner, aber haltloser Gedanke, sondern Wirklichkeit. Klare, überprüfbare Wirklichkeit. Kein Wunder, dass sie gejubelt haben, als sie spät in der Nacht zu ihren Schafen zurückkehrten. Was gibt es Größeres und Gewaltigeres, als zu entdecken, dass Gott wirklich da ist und dass er immer hält, was er verspricht.

Gott ist keine Illusion. Sein Wort ist immer zuverlässig. Und was er zusagt, das hält er auch ein. Darum können Sie immer gespannt erwarten, was Gott in Ihrem Leben tun wird. Seien Sie sehr aufmerksam und schauen Sie, ob er Ihnen etwas zeigt. Wenn Sie eine Bibel in die Hand nehmen, denken Sie immer wieder daran: Jede Seite und jeder Satz darin sind verlässlich und wahr. Sie können sich ganz darauf verlassen. Und wenn Sie zur Zeit durch ein Tief gehen sollten und keinen Schimmer haben, wie Gott jetzt in Ihrem Leben handeln könnte, um Ihnen zu helfen, dann halten Sie nur umso fester an dem fest, was er in seinem Wort sagt. Sie werden nicht enttäuscht werden!

Warum bloß die Hirten? Das war unsere Ausgangsfrage: Warum bloß wählte Gott ausgerechnet die Hirten aus, um die Botschaft von Weihnachten unters Volk zu bringen? Jetzt wissen wir's: Die Hirten waren angewiesen auf Gott – wie wir alle! Sie waren ansprechbar für Gott. Sie hörten ihm genau zu, mit dem Herz auf Empfang. Sie waren auch beweglich, sie ließen sich in Bewegung setzen. Und sie waren aufmerksam. Sie entdeckten, dass Gottes Wort immer hält, was es verspricht.

16

Nur die Engel applaudierten (1)

Malala Yousafzai ist ein sechzehnjähriges Mädchen, das in Birmingham (England) lebt. Doch eigentlich ist Pakistan ihre Heimat. Dort setzte sie sich dafür ein, dass Jungen und Mädchen zur Schule gehen dürfen. Daraufhin schossen Terroristen sie in einem Schulbus in den Kopf. Sie wollten Malala endgültig zum Schweigen bringen. Doch das junge Mädchen überlebte die schwere Verletzung. Im Juli 2013 sprach sie vor den Vereinten Nationen in New York. Malala sagte: „Ich hoffe, dass wir durch unsere Einheit und Entschlossenheit unsere Ziele erreichen und den 57 Millionen Kindern, die auf uns warten, helfen können. Diese Kinder wollen kein iPhone, keine X-Box, Playstation oder Schokolade. Sie wollen nur ein Buch und einen Kugelschreiber. Sie wollen zur Schule gehen." Die Zuhörer im Saal der Vereinten Nationen erhoben sich nach Malalas Rede und spendeten stürmischen Beifall. Sie feierten den Mut, die

Entschlossenheit und die Unbeugsamkeit dieser jungen Frau. Und das sicher sehr zu Recht. Eine Sechzehnjährige mit so viel Courage, das ist schon etwas Besonderes, oder?

Es gibt ein Ereignis, das war noch viel größer und noch viel besonderer als Malalas Auftritt vor den Vereinten Nationen. Es war ein schlicht einzigartiges Ereignis. Als dieses Ereignis stattfand, gab es jedoch keine „Standing Ovations", keinen rauschenden Beifall und keine Hochrufe. Als Gott höchstpersönlich in dieser Welt ankam, da war es komplett still. Ja, es mussten sogar extra beauftragte Leute herbeigeholt werden, um auf dieses Ereignis aufmerksam zu machen. Sonst wäre es einfach übersehen worden. Als Gottes Sohn in Bethlehem geboren wurde, da wurde ein ganzer Trupp von Leuten in Bewegung gesetzt, um diesem Ereignis die Aufmerksamkeit und die Würde zu geben, die es verdiente. Sonst hätte es niemand bemerkt. Tatsächlich aber war das damals sehr wichtig! Denn diese Leute waren die Einzigen, die darauf aufmerksam machten, was Gott mitten unter den Menschen tat:

Und alsbald war da bei dem Engel die Menge der himmlischen Heerscharen, die lobten Gott und sprachen: „Ehre sei Gott in der Höhe und Friede auf Erden und den Menschen sein Wohlgefallen." (Lukas 2,13-14)

Es waren nur die Engel, die Beifall klatschten und würdigten, was Gott tat. Sonst fand sich kaum einer dazu bereit. Ein paar Hirten vielleicht noch, aber sonst war keiner da! Und dabei hätten es doch wirklich alle wissen können, die damals in Bethlehem lebten. Schließlich erzählten die Hirten voller Begeisterung überall herum, was sie gehört und gesehen hatten. Und wer die Hirten verpasst hatte, der hätte mindestens dann aufmerksam werden müssen, als die Magier aus dem Osten bei Josef und Maria und dem Kind in der Krippe auftauchten. Die konnte doch keiner übersehen! Und doch ist es still geblieben in Bethlehem. Die Schlagzeilen der Zeitungen und die Tagesgespräche drehten sich um andere Dinge.

Eigentlich ist das beschämend, wenn man es recht bedenkt. Da gibt Gott sein Liebstes – seinen Sohn. Aber niemand interessiert sich dafür. Gott musste seine eigenen Leute schicken, die ihm die Ehre gaben für das, was er tat. Keiner sonst war da, um das zu tun.

Ich bin sicher: Hätte der allmächtige Gott an diesem Tag eine allgemeine Rentenerhöhung bewirkt oder gar das „Weihnachtsgeld" verdoppelt, dann wären die Zeitungen voll davon gewesen. Und die Menschen hätten sich mächtig gefreut. Aber damals, als das allererste und originale Weihnachten stattfand, interessierte das die Menschen nicht! Und das ist heute beinahe noch ganz genauso. Viele Menschen begreifen sofort, was sie mit dem neuen Rasierapparat oder dem teuren Parfüm anfangen können, das für sie unter dem Weihnachtsbaum liegt. Aber Gottes Geschenk macht ihnen Mühe. Sie begreifen nicht, was sie damit anfangen sollen. Daran kann man eines sehen: Gottes Geschenke sind manchmal anders, als wir es erwarten oder für richtig halten. Aber es sind deshalb keine schlechten Geschenke.

Wer Weihnachten verstehen will, wer Gottes Geschenk verstehen will, dem kann geholfen werden. Er muss eigentlich nur genau hinhören, was die Engel damals gesagt haben, denn sie haben Gottes Geschenk kommentiert. Sie haben Gottes Geschenk erklärt. Damit den Menschen (und damit auch uns) ein Licht aufgeht!

17

Nur die Engel applaudierten (2)

Hören wir hinein in den machtvollen Chor der Engel. Die erste Zeile lautet: *Ehre sei Gott in der Höhe!*

Das ist eine unmissverständliche Aufforderung. Gott soll Ehre bekommen!

Damals wie heute sind die Menschen allerdings meistens zu blind, zu beschäftigt, zu gestresst oder zu verbittert, um Gott die Ehre zu geben. Darum tun es die Engel an ihrer Stelle.

Aber eigentlich wären wir dran! Sie und ich! Das Weihnachtsfest ist nicht dazu da, dass wir unsere Geschenke ehren, den Tannenbaum oder gar das leckere Essen. Das sind drittrangige Dinge! Weihnachten ist dazu da, dass wir Gott ehren. Und nichts sonst!

Haben Sie sich schon mal überlegt, wie Sie in diesem Jahr an Weihnachten Gott ehren könnten? Ich meine, so ganz praktisch? Das wäre doch wichtig, wenn wir ernst nehmen, was die Engel damals gesagt haben!

Gott soll Ehre bekommen! Und warum soll er Ehre bekommen? Weil sie ihm zusteht! Und warum steht sie ihm zu? Weil er etwas für uns getan hat! Weil er in diese Welt eingegriffen hat.

Wenn heute jemand das Bundesverdienstkreuz verliehen bekommt oder eine Rettungsmedaille oder einen Pokal erhält und auf diese Weise geehrt wird, dann bekommt er diese Ehre nur, weil er etwas Besonderes und Außergewöhnliches geleistet hat.

Bei Gott ist es genauso. Er sollte Ehre von uns bekommen, weil er etwas Besonderes und Außergewöhnliches geleistet hat. Und auch das wollen wir gleich festhalten: Gott ist in der Höhe. Er ist uns haushoch überlegen. Aber er hat etwas für die Leute getan, die in der Tiefe wohnen. Er hat etwas für die getan, die ganz normal ganz unten auf der Erde leben und sich dort durch ihren Alltag wurschteln. Gott ist in der Höhe. Er ist uns „himmelweit" überlegen! Aber er bleibt nicht „himmelweit" weg, sondern schaut uns an. Und sieht unsere Lage. Er hat uns lieb. Und er tut etwas für uns!

Viele Menschen heute glauben (wenn sie überhaupt noch glauben!), dass Gott diese Welt längst aufgegeben hat und sich um nicht mehr kümmert. Sie glauben, dass Gott nichts machen kann. Sie glauben, dass Gott mit uns und unserer Welt nicht mehr zurechtkommt, weil wir ihm zu schlau geworden sind mit unseren Computern und unserem Internet. Weil wir zu stark geworden sind mit unseren Waffen und unserer genialen Technik. Sie meinen, Gott sei hilflos! Sie meinen, Gott sei ein Schwächling.

Aber so ist es nicht! Gott sieht uns genau. Und er kennt unsere Lage genau. Er sieht, wie dieser Planet langsam zerstört wird: Weil die Menschen dafür sorgen, dass er kaputt geht. Weil jeder nur an sich denkt. Und weil jeder nur für sich etwas herausholen will.

Gott sieht auch unser Leben, wie es langsam verödet – trotz Fernsehen und Events, trotz Konsum und jeder Menge Spaß! Gott sieht, wie es öde wird, in uns und um uns herum! Und Gott handelt. Er gibt uns haargenau das, was uns helfen kann: Er gibt uns seinen Sohn, er gibt uns sich selbst. So etwas gewaltig Großes gibt er hinein in unsere Welt.

Verstehen wir? Er lässt uns nicht laufen, bis alles immer öder wird. Er will, dass die Leere gefüllt wird und das Leben zurückkommt! Damit das geschehen kann, gibt er uns sein großes Geschenk: Jesus, seinen Sohn.

Sind Sie bereit, Gott die Ehre dafür zu geben? Sind Sie bereit, das zur Kenntnis zu nehmen, dass Gott ein Gott ist, der handelt? Sind Sie bereit, Ihm die Ehre dafür zu geben, dass er diese Welt und auch Sie persönlich nicht im Stich lässt, sondern etwas unternimmt, damit unser Leben in Ordnung kommt? Wenn Sie es sind, dann haben Sie den ersten wichtigen Schritt getan, um Gottes Geschenk an uns, Weihnachten, zu begreifen.

18

Nur die Engel applaudierten (3)

Ehre sei Gott in der Höhe ... – das haben Gottes Boten damals als Allerserstes ausgerufen.

... *und Friede auf Erden,* haben sie hinzugefügt. Und damit sind wir am entscheidenden Punkt. Gottes Sohn bringt nämlich etwas, wonach sich alle sehnen: Frieden. Aber dieser Frieden fängt anders an, als wir es vermuten!

Wenn es um Frieden geht, haben wir Menschen meistens gleich ein paar Vorschläge zur Hand, was Gott endlich mal anpacken müsste: ein paar Diktaturen beseitigen, Waffen vernichten, die Macht ganz neu verteilen und ebenso Geld, Eigentum und Grund und Boden.

Aber Gottes Friede fängt anderswo an. Er fängt da an, wo er am allernötigsten ist: nämlich zwischen uns Menschen und unserem Schöpfer. Zwischen der Menschheit und Gott. Nach Gottes fester Überzeugung muss genau an dieser Stelle zuerst Frieden geschaffen werden. Sonst hat der Friede überhaupt keine Chance in der Welt. So sieht Gott unsere Lage. Und wir können mit großer Sicherheit davon ausgehen, dass er unsere Lage realistisch einschätzt.

Was also die Menschheit zuallererst braucht, ist Frieden mit Gott. Was Sie und ich zuallererst brauchen, ist Frieden mit Gott. Der fehlt ganz grundsätzlich und ist bitter, bitter nötig. Es gibt einen Bruch, es gibt einen Konflikt zwischen Gott und den Menschen. Und wenn wir sehen, wie die Menschen im Allgemeinen mit Gott umgehen, dann wird dieser Bruch (dieser Konflikt) auch sofort sichtbar.

Einige behandeln Gott wie einen Weihnachtsmann: einmal im Jahr an Heiligabend, da ist er aktuell. Aber der Rest des Jahres läuft ohne ihn.

Andere behandeln ihn wie ein Service-Unternehmen: Wenn sie in Not sind, dann rufen sie nach ihm. Aber wenn die Not vorbei ist, schicken sie ihn fort.

Und wieder andere behandeln ihn wie einen Entertainer: Sie erwarten von ihm, dass er bei ihnen ab und zu ein paar religiöse Gefühle in Schwung bringt, wenn ihnen danach ist. Aber sonst ist er ihnen eher gleichgültig.

Und wieder andere behandeln ihn wie Luft: als wäre er eine Null-Nummer und gar nicht vorhanden.

Es gibt also einen Bruch zwischen den Menschen und Gott. Und das geht nicht spurlos an uns vorüber. Die Menschheit ist auf Konfliktkurs mit Gott. Und das bekommt ihr überhaupt nicht. Im Gegenteil: Es führt zu einer inneren Zerrissenheit bei den Menschen. Es führt dazu, dass im Zentrum unseres Lebens etwas nicht stimmt. Und das wirkt sich aus: Wer auf Crash-Kurs mit Gott ist, der gerät irgendwann auch auf Crash-Kurs mit seinen Mitmenschen. Wer keinen Frieden mit Gott hat, der kann auf Dauer auch keinen Frieden mit den Menschen haben. Seine innere Zerrissenheit wird sich immer wieder bemerkbar machen, sie wird sich nach außen kehren.

Und genau an diesem Punkt setzt Gott an. Er gibt uns seinen Sohn. Und dieser Sohn kommt in die Welt, damit dieser Bruch zwischen Gott und uns geheilt wird. Er kommt in die Welt, damit all das weggeräumt wird, was sich an Gleichgültigkeit, Feindschaft, Rebellion und Schuld zwischen Gott und uns angehäuft hat. Jesus wurde nicht geboren, um mal ein schönes nettes Leben zu haben. Er wurde nicht geboren, um uns ein paar schöne „goldene Worte" fürs Poesiealbum zu geben. Stattdessen wurde er geboren, um Frieden zu machen zwischen Gott und uns. Er wurde geboren, um den Schutt wegzuräumen, der sich zwischen Gott und den Menschen aufgehäuft hat. Das konnte er allein tun, nicht wir! Wir Menschen können ja nicht ungeschehen machen, was einmal passiert ist. Wir können es auch nicht durch gute Taten ausgleichen. Nur Gottes Sohn kann den Schaden wiedergutmachen. Und darum ist er der einzige, der große Friedensbringer!

Wollen Sie diesen Frieden haben, den Gott Ihnen anbietet? Oder anders gefragt: Wollen Sie die Lösung annehmen, die Gott für Ihre Probleme und für die Probleme der Welt hat? Wenn ja, dann ergreifen Sie die

Initiative: Wenden Sie sich an den Sohn Gottes! Tun Sie das Natürlichste und sprechen Sie mit ihm! Er lebt und hört Sie, wenn Sie mit ihm sprechen! Bitten Sie ihn darum, dass er wegräumt, was zwischen Ihnen und Gott steht. Bitten Sie ihn um Vergebung für all das, was sich an Sünde und Schuld in Ihrem Leben angehäuft hat. Sagen Sie ihm, dass Sie Frieden mit Gott wollen. Dann wird er Sie von Ihrem Ballast befreien und Ihnen Frieden geben: mitten hinein in Ihr Leben!

19

Nur die Engel applaudierten (4)

Ehre sei Gott in der Höhe und Friede auf Erden, so haben es die Engel gerufen. Und dann haben sie noch einen Schlusssatz angefügt: … *bei den Menschen seines Wohlgefallens* (LUT 2017).

Eine klare Feststellung: Wir Menschen sollen das Wohlgefallen Gottes haben. Und damit uns dieses Wohlgefallen Gottes auch wirklich erreicht, brauchen wir Gottes Geschenk. Wir brauchen Jesus.

Nur merkwürdig: Gottes Geschenk kommt bei vielen gar nicht recht an. Sie möchten es gar nicht haben. Sie schauen gar nicht recht hin. Und manche greifen nur sehr zögernd danach. Und manche tun noch nicht mal das. Sie wenden sich ab! Gottes Geschenk ist weithin ein verschmähtes Geschenk! Wie merkwürdig! Wenn Gott uns geschaffen hat, dann weiß er doch sehr genau, was wir brauchen, was uns guttut und was unser Leben reich macht. Dann muss doch sein Geschenk aus Liebe zu uns vom Allerfeinsten sein. Trotzdem ist Gottes Geschenk weithin ein verschmähtes Geschenk. Jeder ganz normale PC, jede neue Krawatte und jedes neue Automobil finden viel eher das Interesse der Menschen.

Am Anfang haben wir gesehen, dass Gott seine Engel schicken musste, damit überhaupt jemand das große Ereignis der Geburt Jesu richtig würdigte. Das war schon ernüchternd genug. Aber jetzt kommt's noch dicker: Gott gibt uns sein großes Geschenk, seinen Sohn, aber kaum jemand will es haben. Er legt sein Geschenk den Menschen in die Krippe von Bethlehem. Aber sein Geschenk ist ein Ladenhüter. Ist das nicht demütigend?

Stellen Sie sich vor, Sie würden heute Nachmittag jemandem ein Geschenk geben, für das Sie ein ganzes Jahr lang gespart haben. Sie haben auf vieles verzichtet, um dieses Geschenk bezahlen zu können. Sie haben es liebevoll ausgesucht und sorgfältig verpackt. Aber dann, als Sie es überreichen wollen, da wendet sich der Beschenkte kurz und kalt von Ihnen ab und sagt: „Nimm's mir nicht übel, Freund, aber für den Krempel habe ich keine Verwendung." Wie würden Sie sich dann fühlen?

Gott schenkte uns das Wertvollste, was er hatte: etwas, das mitten aus seinem Herzen kommt, seinen Sohn. Und dennoch ist sein Geschenk weithin ein verschmähtes Geschenk. Warum nur ist das so?

Nun, das ist so, weil Gottes großes Geschenk bei uns einen wunden Punkt berührt. Es ist durch und durch gut und prächtig und hilfreich für uns. Aber es macht uns auch Probleme. Genauer gesagt: Gottes großes Geschenk greift unseren Stolz an. Und das haben wir nicht so gern! Wir geben nicht gern zu, dass es allerlei Dunkles gibt in unserem Leben. Wir geben nicht gern zu, dass wir Schuld mit uns herumschleppen! Wir geben nicht gern zu, dass wir innerlich zerrissene Menschen sind. Wir geben nicht gern zu, dass wir nicht im Reinen sind mit Gott. Wir geben nicht gern zu, dass wir Vergebung und Rettung brauchen. Aber wenn wir Gottes großes Geschenk annehmen, seinen Sohn Jesus, dann müssen wir all das zugeben. Denn Jesus ist doch gerade gekommen, um all das wegzuräumen, was uns von unserem Schöpfer trennt.

Gottes Geschenk ist also herrlich und groß. Aber es deckt auch auf, wer wir sind und wo wir wirklich stehen. Es deckt auf, dass wir verlorene Leute sind, die Jesus brauchen. Und es beschämt uns. Das gefällt uns nicht! Und darum tun wir uns schwer, Gottes Geschenk anzunehmen. Unser Stolz rebelliert und wehrt sich dagegen.

Ein pausbäckiges Jesulein in einer romantischen Krippe mit ein paar großväterlich dreinschauenden Hirten davor – das stört niemanden. Das berührt nur sanft unsere Gefühle. Aber ein Jesus, der kommt, um den Schutt unseres Lebens wegzuräumen und uns aus unserer Verlorenheit zu retten, der ist gar nicht romantisch und auch nicht süß. Der tut weh! Der trifft uns dort, wo wir am verwundbarsten sind, bei unserem Stolz.

Wenn Sie also die Größe und Herrlichkeit von Gottes Geschenk erleben wollen, dann müssen Sie vor allem eines tun: Sie müssen entschlossen allen Stolz über Bord werfen und sein Geschenk, seinen Sohn, annehmen. Nur dann wird Frieden zwischen Ihnen und Gott sein. Nur dann wird Ihre Verlorenheit weichen und der Bruch geheilt zwischen Ihnen und Ihrem Schöpfer.

Und darum wird Gott nicht müde, uns sein großes Geschenk anzubieten. Wieder und wieder und wieder. Jahr um Jahr. Und das nicht, weil er das nötig hätte, sondern weil wir das nötig haben!

Wenn Weihnachten also mehr für Sie sein soll als ein paar freie Tage, die rasch vergessen sind, mehr als ein paar Gefühle, die rasch wieder abklingen, dann gehen Sie bitte einen Schritt weiter: Nehmen Sie Gottes großes Geschenk verbindlich entgegen! Geben Sie sich nicht zufrieden mit ein paar Gefühlen, mit ein paar Liedern und ein bisschen Glockenklang! Gehen Sie einen Schritt weiter! Geben Sie Gott die Ehre, heute noch, und danken Sie ihm, dass er uns Jesus, seinen Sohn, gegeben hat. Bitten Sie ihn darum, dass er wegnimmt, was zwischen Ihnen und ihm steht. Bitten Sie ihn um Vergebung für all das, was sich an Dunklem, an Sünde und Schuld in Ihrem Leben angehäuft hat. Sagen Sie ihm, dass Sie Frieden mit ihm wollen. Nehmen Sie Jesus persönlich an! Lassen Sie alle Unverbindlichkeit hinter sich! Bitten Sie ihn, dass er Ihr Leben bestimmt. Und vergessen Sie nie, dass er Sie liebt!

Wenn Sie das tun, dann ist der große Gesang der Engel nicht umsonst gewesen: *Ehre sei Gott in der Höhe und Friede auf Erden bei den Menschen seines Wohlgefallens!*

20

Die Suche, die nicht eingestellt wurde

Es geschah im September des Jahres 1972. Über den argentinischen Kordilleren sind die Mitglieder einer Rugby-Mannschaft mit ihren Verwandten und Freunden in einem gecharterten Flugzeug unterwegs. Ihr Ziel ist die Stadt Santiago de Chile.

Die jungen Leute in der Maschine sind guter Dinge. Sie laufen herum, singen, lachen. Drinks werden herumgereicht. Das ändert sich auch nicht, als das Flugzeug in Luftturbulenzen gerät und immer wieder einmal durchsackt. Jedes Luftloch wird mit großem Hallo und flotten Sprüchen begrüßt.

Erst als ein Mitglied der Crew nervös nach hinten kommt und anordnet, sofort die Sicherheitsgurte anzulegen, schlägt die Stimmung um. Aber da schwebt das Flugzeug bereits nur noch wenige Meter über den Bergspitzen der Kordilleren, von tückischen Fallwinden nach unten gedrückt. Wenig später streift ein Flügel der Maschine einen Berghang. Die Maschine schlägt auf die Felsen und verliert Flügel und Leitwerk. Der Rumpf stürzt einen Steilhang hinunter und zerbricht in drei Teile. Der vordere Teil mit dem Cockpit schießt über einen Gletscher der Kordilleren und bohrt sich in einen Schneehaufen.

Wie durch ein Wunder überleben 29 Passagiere. Aber noch in der Nacht sterben etliche an ihren Verletzungen und der eisigen Kälte. Die anderen versuchen in den nächsten Tagen, ihr Überleben zu organisieren. Sie teilen die spärlichen Nahrungsmittel ein, versuchen, die offene Rückseite des Flugzeugsrumpfs gegen Schnee und Kälte abzudichten, bringen Schnee zum Schmelzen, um Trinkwasser zu gewinnen, und versuchen, Kontakt zur Außenwelt aufzunehmen.

In den Trümmern der Maschine findet sich ein kleines Transistorradio, das mit Batterien betrieben wird. Tagtäglich hören sie nun die Nachrichten. Sie warten, hoffen, beten und bangen um ihre Rettung. Und dann, nach 29 Tagen scheinbar endlosen Wartens, erhalten sie die niederschmetternde Nachricht, dass die Suche nach ihnen eingestellt wurde. Für die Welt da draußen existieren sie nicht mehr. Sie sind auf sich allein gestellt, verloren in den Schneewüsten der Kordilleren.

„Die Suche wurde eingestellt ..." Was mag dieser Satz nach 29 Tagen des Wartens und Hoffens für die Überlebenden der Flugzeugkatastrophe bedeutet haben? Man kann es nur erahnen: tiefe Niedergeschlagenheit, ohnmächtige Verzweiflung und – bittere Wut. Die Gewissheit, endgültig aufgegeben worden zu sein, ist eine schreckliche Gewissheit, eine Gewissheit, in der die Hoffnung stirbt.

Um eine Suche geht es auch an Weihnachten. Und diese Suche ist mindestens so dramatisch und lebensentscheidend wie jene, die vor rund 50 Jahren in den argentinischen Kordilleren stattfand. Allerdings unterscheidet sie sich in mindestens zwei Dingen sehr wesentlich von ihr. Diese Suche dauerte erheblich länger als 29 Tage. Und sie wurde niemals eingestellt. Es handelt sich um die Suche Gottes nach den Menschen.

„Die Suche, die nicht eingestellt wurde ...“, in der Weihnachtsnacht vor rund 2000 Jahren erreichte sie ihren Höhepunkt. Eine Suche, die an Dramatik und Größe ihresgleichen sucht. Eine Suche, die das Bewegendste und Schönste bietet, was man sich denken kann. Eine Suche, die die Ehrfurcht gewaltig wachsen lässt, weil hier der lebendige Gott sich aufmacht, um uns Menschen zu suchen.

Eigentlich wäre es doch das Normalste von der Welt, wenn die Menschen sich aufmachen würden, um Gott zu suchen. Wenn sich die Kleinen auf den Weg machen würden, um den Großen, den Schöpfer und Herrn aller Herren zu suchen. Das wäre doch normal und angemessen gewesen! Aber in der Nacht der Geburt Jesu Christi in Bethlehem machte sich der große Gott auf den Weg, um uns kleine Menschen zu suchen.

Er schickte keine zwölf Kompanien Engel, um diese Suche zu starten. Die Engel machten die Sache nur publik. Nein, er kam selbst in Person: sehr klein, sehr real und sehr menschlich – um uns Menschen genau dort aufzusuchen, wo wir zu finden sind.

Überlegen Sie doch bitte mal – nur einen Moment lang – was gewesen wäre, wenn Gott diese Suche nicht begonnen, sondern von vornherein eingestellt hätte.

Was wäre denn gewesen, wenn Gott es abgelehnt hätte, Mensch zu werden und uns Menschen zu suchen? Was wäre gewesen, wenn er zu dem Ergebnis gekommen wäre, es sei doch hoffnungslos mit uns Erdbewohnern? Was wäre gewesen, wenn die Krippe in Bethlehem leer geblieben und die Geburt des Gottessohnes ausgefallen wäre? Was wäre gewesen, wenn die Hirten keine Engel gesehen und keine Nachricht von der Rettung gehört hätten? Was wäre gewesen, wenn es auf dem Feld bei den Herden dunkel geblieben und die Engelchöre nicht gejubelt hätten?

Was wäre dann gewesen?

Nun, unsere kleine Erde wäre aller Wahrscheinlichkeit nach weiter um die Sonne gekreist. Aber wir Menschen wären unter uns geblieben. Es hätte uns keiner gesucht und auch keiner besucht. Wir wären weiterhin einsam mit unserer Erde durch die Kälte und Leere des Universums geflogen. Wir wären auf uns allein gestellt geblieben, mit unserer Sünde, mit unserer Ichbezogenheit, mit unserer Kälte, mit unserer Unduldsamkeit. Wir wären allein geblieben mit dem Stolz und unseren harten Herzen. Wir wären einsame, verlorene Sünder geblieben, allein in der Dunkelheit des Alls unterwegs: ohne Ziel, ohne Sinn, ohne Halt. Wir wären Leute, die aufgegeben wurden. Leute, nach denen der lebendige Gott die Suche von vornherein eingestellt hätte.

Eine beklemmende Vorstellung, nicht wahr? Glücklicherweise auch eine falsche, unzutreffende Vorstellung. Eine Vorstellung, die uns jedoch zeigt, wie viel davon abhängt, dass Gott seine Suche nach uns Menschen nicht eingestellt, sondern konsequent zu Ende geführt hat. Gottes Suche nach uns wurde nicht eingestellt!

21

Gott hat ein brennendes Herz

Unter der Überschrift „Englischer Soldat findet Sohn nach 53 Jahren“ war vor ein paar Jahren folgende Geschichte in den Zeitungen zu lesen:

Nach 53 Jahren haben sie einander gefunden – Vater und Sohn. Der britische Soldat Brian Platt und sein Sohn Ralf wollen sich treffen. Eine jahrzehntelange Geschichte findet ihr Ende. Wie konnte es dazu kommen?

Der 77-jährige Ex-Soldat Brian Platt weiß, dass er einen Sohn hat. 1962 ist er geboren worden. Aber die flüchtige Beziehung zu einer 18-jährigen Deutschen, aus der sein Sohn damals hervorgegangen ist, bestand schon zur Zeit der Geburt von Ralf nicht mehr. Brian Platt weiß nicht, wie sein Sohn heißt. Auch den Namen seiner damaligen Freundin hat er längst vergessen. Aber er will seinen Sohn finden. Er sucht und sucht. Jahrzehntelang. Aber die Suche bleibt erfolglos. Dann schließlich, mit 77 Jahren, wagt er einen letzten verzweifelten Versuch. Er erzählt einer deutschen Zeitung seine Geschichte und bittet um Veröffentlichung. All dies in der vagen Hoffnung, seinen Sohn doch noch irgendwie zu finden.

Viele Menschen lesen die Geschichte von dem Vater, der seinen Sohn sucht. Über 700-mal wird sie auf Facebook geteilt.

Irgendwann bekommt Ralf den Artikel in die Hände. Und mit jeder Zeile, die er liest, wird ihm klarer: „Ich bin ein Teil dieser Geschichte. Nein, viel mehr: Diese Geschichte ist meine Geschichte. Der Mann, der Anfang der 60er-Jahre als Soldat der British Army südlich von Bremen stationiert war, sucht mich. Brian Platt muss mein Vater sein."

Es ist ein komisches Gefühl, wenn man mit 53 Jahren durch einen Artikel erfährt, wer der eigene Vater ist. Ralf greift zum Telefon und ruft in der Redaktion der Zeitung an: „Mein Name ist Ralf Leuchtenberg", sagt er. „Ich glaube, ich bin der, den Sie suchen." Die Zeitung nimmt daraufhin Kontakt zu Brian Platt auf: „Ja, das ist definitiv mein Sohn", sagt Platt. „Jetzt, wo ich den Namen Leuchtenberg höre, erinnere ich mich." Bald sucht Ralf Leuchtenberg den Kontakt zu seinem Vater. Und Brian Platt meldet sich bei ihm. „Ja", sagt Ralf, „natürlich will ich ihn bald kennenlernen."[16]

Ein Vater sucht sein Kind ... Er sucht und sucht und gibt nicht auf, bis er es gefunden hat. Und genau darum geht es auch an Weihnachten. Es geht ganz einfach

---

16 https://www.wp.de/staedte/hagen/vater-und-sohn-treffen-sich-zum-ersten-mal-id11128361.html

darum: Gott sucht Sie. Und zwar tut er das noch viel, viel inniger und viel, viel beharrlicher, als Brian Platt seinen Sohn gesucht hat. Er sucht Sie, weil er eine Beziehung zu Ihnen knüpfen will.

In der Bibel gibt es einen Satz, der diese Suche Gottes nach uns Menschen haargenau auf den Punkt bringt. Dieser Satz lautet so:

Denn so hat Gott der Welt seine Liebe gezeigt: Er gab seinen einzigen Sohn, damit jeder, der an ihn glaubt, nicht ins Verderben geht, sondern ewiges Leben hat. (Johannes 3,16)

Gott sucht Sie, weil er eine Beziehung zu Ihnen haben möchte. Und darum gibt er seinen Sohn Jesus. Der kommt vom Himmel auf die Erde und wird ein Mensch. Ein höchst ungewöhnliches, dramatisches Ereignis. Ist es für Gott das reinste Vergnügen gewesen, Mensch zu werden? War das ein Klacks für ihn? Eine seiner leichtesten Übungen?

Nein, es erforderte einen gigantischen Verzicht! Jesus war Gottes Sohn, er verließ den Himmel. Dort hatte er perfekte Gemeinschaft mit dem Vater. Dort gab es keinen Tod, keinen Schmerz, keine Klage, kein Unrecht. Dort gab es ein völlig harmonisches Miteinander. Doch Jesus verzichtete auf all das, auf seine Macht und Herrlichkeit, auf seine Rechte als Sohn Gottes, und wurde Mensch. Er begab sich herab auf den Planeten Erde, auf dem Schmerz und Tod und Klage und Unrecht im Überfluss zu finden sind und auch ihn mit voller Wucht trafen! Er lebte als Mensch mitten unter uns, und das war ein Riesenverzicht! Er tat es aus Liebe zu uns, um uns zu zeigen, dass Gott wirklich unsere Nähe sucht und uns für sich wiedergewinnen will!

Ja, Gott will Sie, genau Sie! Er ist kein Gott, der weit entfernt von uns ist, unbewegt, gleichgültig und kalt. Er ist nicht wie das sogenannte „Schicksal“: taub, blind und gleichgültig. Er sucht Sie. Er will Sie. Er will eine Beziehung zu Ihnen. Sein Herz brennt für Sie. Darum ließ er Jesus in die Welt kommen.

Wie haben Sie im vergangenen Jahr gelebt? Ich nehme an, manchmal haben Sie sich gefreut, manchmal haben Sie sich auch geärgert. Sie hatten Erfolg, haben aber auch Niederlagen einstecken müssen. Sie haben erlebt, wie schön das Leben sein kann. Aber sie haben auch dunkle, einsame Stunden erlebt. Sie waren manchmal gut drauf, manchmal aber auch leer, verzweifelt oder genervt. Sie haben gearbeitet und Urlaub gemacht. Sie haben geliebt, und Sie wurden enttäuscht. Sie haben gehofft und gezweifelt. Sie kamen voran und erlebten Rückschläge. Sie haben getrauert und waren guten Mutes.

Aber wie oft haben Sie in den vergangenen zwölf Monaten daran gedacht, dass das Herz Gottes für Sie brennt? Wie oft haben Sie das im zurückliegenden Jahr wirklich im Herzen gespürt, dass Gott Sie sucht und sich danach sehnt, eine Beziehung zu Ihnen zu haben?

Gott hat ein brennendes Herz für Sie und für jeden anderen Menschen. Er sucht Sie und will Sie gerne finden. Darum hat er vor 2000 Jahren seinen Sohn Jesus geschickt. Er wollte ein für alle Mal klarmachen, dass er ein brennendes Herz hat für uns Menschen! *So hat Gott der Welt seine Liebe gezeigt: Er gab seinen einzigen Sohn, damit jeder, der an ihn glaubt, nicht ins Verderben geht, sondern ewiges Leben hat.*

„Schön wär's", sagen manche. „Aber es spricht zu viel dagegen! Mein Ehepartner hat mich verlassen. Zu Weihnachten bin ich dieses Jahr allein. Die Kinder melden sich kaum noch. Ich schlage mich mit Krankheit herum und weiß nicht, wie alles enden wird. Schmerzen rauben mir den letzten Nerv. Manchmal wird mir die Last des Lebens einfach zu schwer. Und da soll ich glauben, dass Gottes Herz für mich brennt? Nein, tut mir leid, das kann ich nicht glauben. Ich nicht! Gehen Sie mir weg mit all dem frommen Kram!"

So äußern sich manche Menschen, vielleicht sogar viele. Und sie verzweifeln an Gott. Sie kriegen das nicht mehr zusammen: die Erfahrungen ihres Lebens einerseits und die Tatsache, dass Gottes Herz für sie brennt, andererseits. Sie geben auf. Ich kann das gut verstehen. Denn dieser Planet, auf dem wir leben, die Erde, ist manchmal wirklich ein düsterer und eiskalter Ort. Ja, es gibt himmelschreiende Ungerechtigkeit! Ja, es gibt schlimme Erfahrungen! Menschen werden verletzt, gedemütigt, vernachlässigt, geschunden, betrogen, unterdrückt und kaputtgemacht. Es ist schrecklich, was Menschen einander antun.

Und weil Gott all das sieht, setzt er ein machtvolles Zeichen. Er schickt seinen Sohn Jesus, um uns zu zeigen: „Ich bin da. Ich bin wirklich da! Ich sehe, was los ist! Und ich habe ein brennendes Herz für dich. Für mich gibt es keine Menschenmassen. Ich sehe immer den Einzelnen. Ich sehe dich! Ich suche dich mit aller Kraft und möchte dich finden und eine persönliche Beziehung mit dir haben. Ich habe nie aufgehört, dich zu lieben."

Schauen Sie deshalb nicht auf die Erfahrungen Ihres Lebens, wenn Sie etwas von der Liebe Gottes sehen wollen! Schauen Sie dahin, wo Gottes Liebe zu finden ist. Richten Sie Ihren inneren Blick auf Jesus, der den Himmel verließ, um uns zu suchen und zu finden. Als Jesus vor 2000 Jahren in Bethlehem geboren wurde, da erreichte diese Suche Gottes ihren Höhepunkt. Und sie hat seitdem nie aufgehört. Im Gegenteil, bis heute sucht Gott Menschen, die aus ihrer Verlorenheit herauswollen und mit ihm im Zentrum ihres Lebens leben wollen.

Weihnachten heißt: Gott sucht Sie und möchte Sie finden! Er möchte in Ihrem Leben zum Zug kommen. Er möchte Ihre Verlorenheit beenden. Er drängt sich Ihnen nicht auf. Aber er lädt Sie ein. Weihnachten heißt: Gott will Sie und sucht Sie. Er wird nicht ruhen noch rasten, bis seine Suche auch bei Ihnen zum Ziel gekommen ist.

22

Besuch aus Nahost

Kaum ein Bericht der Bibel ist so bekannt wie der von den Magiern aus dem Osten. Kaum ein Bericht der Bibel hat die Fantasie der Menschen derart angeregt, wie der von den „Besuchern aus Nahost“. Und kaum ein Bericht der Bibel ist so stark von hinzugefügten Erfindungen entstellt und überzeichnet worden wie eben dieser Bericht von den Magiern aus dem Osten.

Im Mittelalter entstand die Legende, die Magier seien heilige Könige gewesen. Das ist kompletter Unsinn. Nichts davon steht in der Bibel! Dann heißt es, sie seien insgesamt zu dritt unterwegs gewesen. Aber die Bibel nennt ihre Anzahl nicht. Es können drei oder elf oder auch 22 gewesen sein. Wir wissen es einfach nicht! Dann die Namen: Kaspar, Melchior und Balthasar. So sollen die Reisenden aus dem Osten angeblich geheißen haben. Aber auch das ist pure Spekulation! Wir kennen ihre Namen nämlich nicht. Die Bibel gibt sie nicht preis. Trotzdem wird bis heute das Märchen von den „drei Heiligen Königen Kaspar,

Melchior und Balthasar" munter verbreitet. Hilfreich ist das nicht.

Wer waren diese geheimnisvollen Magier wirklich? Woher kamen sie? Was haben sie in den Weihnachtsberichten zu suchen? Und warum tauchten sie überhaupt in Bethlehem auf?[17]

Das griechische Wort *magos* (Einzahl) oder *magoi* (Mehrzahl) bezeichnet eigentlich keinen Beruf. In vielen Bibelübersetzungen wird das Wort *magoi* mit „Magier" übersetzt, mit „Weisen" oder auch „Sterndeutern", und das ist auch gar nicht so falsch! Aber eigentlich ist das Wort *magoi* genauso unübersetzbar, wie etwa „die Bayern". Das können sie ja auch nicht übersetzen, oder? Woran liegt das? Ganz einfach: Die Magoi waren (wie die Bayern) eine Volksgruppe innerhalb eines Volkes, nämlich der Meder. Und diese Volksgruppe nannte man halt die Magoi. Sie kamen in der Tat aus dem Osten und lebten dort, nämlich im Land Medien, im Gebiet des heutigen Iran/Irak.

Was aber zeichnete diese Volksgruppe der Magoi aus? Was war das Besondere an ihnen? Nun, sie waren Leute mit viel Macht, Einfluss und Geld. Sie waren geniale Strippenzieher. Sie waren graue Eminenzen mit allerbesten Verbindungen. Sie waren umfassend international vernetzt. Sie hatten großen Einfluss auf alles,

17 Für mehr Informationen über die „Magoi", siehe John F. MacArthur, New Testament Commentary, Matthew 1–7, Chicago 1985, S. 26-29. John F. MacArthur, Who Were The Wise Men? (https://wwwgty.org/library/sermons-library/2182/who-were-the-wise-men). Siehe auch: https://www.jesus.ch/information/feiertage/weihnachten/magazin/history_special/108426-die_magoi_von_ekbatana.html

was in ihrem Land und weit darüber hinaus politisch passierte.

Sie waren auch die mit Abstand besten Wissenschaftler ihrer Zeit. Sie verfügten über detailliertes Wissen in den Bereichen der Naturwissenschaften, der Astronomie, der Astrologie, der Landwirtschaft, der Architektur, der Geschichte, der Mathematik und der Politik. Kein Wunder also, dass man sie „Weise" nannte oder – wegen ihres Hangs zur Astrologie – auch „Magier". Ihre Macht war äußerlich unauffällig, ohne Pomp, aber sehr wirksam. Sie konnten Könige stürzen lassen oder unkontrollierbare Bürgerkriege anzetteln, wenn sie es wollten. Niemand im Land Medien oder einem seiner Nachbarländer konnte ohne ihre Zustimmung König werden. Kein Richter und kein Politiker konnte sein Amt antreten und ausüben ohne ihr „Ja". Die Magoi waren etwas sehr Besonderes. Sie waren zu Recht geachtet und gefürchtet! Denn sie machten wirklich große Politik!

Und jetzt kommt das Allerwichtigste: Die Magoi kannten Teile der Bibel! Dazu muss man wissen, dass das Volk der Juden 600 Jahre vor der Geburt Jesu eine Zeit der Gefangenschaft im Land Babylonien erlebte. Einer, der damals dabei war, ein jüdischer Mann namens Daniel, schaffte den Aufstieg. Er gelangte in die unmittelbare Nähe des damals regierenden Königs und konnte ihm wertvolle Dienste leisten. Zum Dank machte ihn der König (er hieß Nebukadnezar) zum obersten Chef der Magoi, die in Babylonien größten Einfluss hatten.

Die Magoi damals achteten Daniel sehr, und sie lernten durch ihn verschiedene Bücher des Alten

Testamentes kennen, sehr wahrscheinlich auch die Bücher der Propheten Jesaja und Micha. Es ist damit so gut wie sicher, dass es zur Zeit der Geburt Jesu in den Ländern des Nahen Ostens Magoi gab, die etwas von Gott wussten. Sie hatten von den Propheten des Alten Testaments gelernt, dass die Geburt eines von Gott gesandten Messias, eines Retters, bevorstand. Das heißt: Unter den Magoi, die zur Zeit der Geburt von Jesus lebten, gab es einige, die etwas vom Gott der Bibel wussten und auf der Suche nach ihm waren.

Also fragen sie darum nach dem neugeborenen König der Juden, dem Messias. Aus der Bibel wissen sie, dass ein Messias kommen wird. Zielsicher gehen sie nach Jerusalem. Aus der Bibel wissen sie: Dort wird der Messias irgendwann auftauchen. Und zielsicher sagen sie, was sie wollen, nämlich ihn anbeten. Aus der Bibel wissen sie, dass er der Sohn Gottes ist und darum der Anbetung würdig.

Wie viel genau die Magoi von der Bibel kannten, wissen wir nicht. Aber es war in jedem Fall genug, um ihnen die Richtung vorzugeben, in der sie suchen mussten, wenn sie den neugeborenen König der Juden finden wollten.

23

Stern – oder was?

Wie war das nun mit den Magiern und diesem geheimnisvollen Stern, dem sie folgten? Auch über ihn hat es viele, viele Spekulationen gegeben. Einige meinen, es war Jupiter. Andere vermuten ein Zusammentreffen von Jupiter und Saturn. Wieder andere halten ihn für einen Meteor oder einen Kometen.

Räumen wir ein wenig unter diesen Spekulationen auf! Die Magier sind zunächst einmal auf dem Weg nach Jerusalem keinem Stern gefolgt. Die Bibel berichtet das nirgendwo! Tatsächlich haben die Magier in ihrem Land eine auffällige Lichterscheinung gesehen, die kam und wieder verschwand. Erst auf dem Weg nach Bethlehem tauchte diese Lichterscheinung wieder auf, und natürlich freuten sich die Magier mächtig darüber, dass sie sie wiedersahen.

Die Magier ritten auch nicht auf Kamelen (wie man das auf irreführenden Weihnachtsbildchen immer wieder mal sehen kann), sondern auf Pferden. So machten das damals alle hochgestellten Persönlichkeiten im

Land der Meder. Die Magier waren auch auf keinen Fall allein unterwegs. Das wäre viel zu gefährlich gewesen. Sie hatten auf jeden Fall eine Eskorte zu ihrem Schutz dabei. Das war für Persönlichkeiten ihres Ranges damals selbstverständlich.[18]

Was ist nun mit dem „Stern" der Magier? Tatsache ist zunächst, dass die Bibel keine näheren Angaben zu diesem „Stern" macht. Sie sagt noch nicht mal ausdrücklich, dass es überhaupt ein Stern war. Denn das griechische Wort für „Stern" hat viele Bedeutungen. Es kann „Stern" bedeuten. Aber es kann ebenso gut auch „helles Licht" oder „großer Glanz" bedeuten.

Sehr wahrscheinlich hat sich Gott den Magiern aus dem Osten als ein sehr helles Licht gezeigt. Sie sahen dieses Licht und zogen los. Die grobe Richtung nach Israel und Jerusalem konnten sie aus den Schriften des Alten Testaments entnehmen. Dann verschwand die Lichterscheinung und tauchte erst wieder auf, als sie sich Bethlehem näherten. Ein helles Licht von Gott stand dann über dem Ort, wo Jesus zu finden war, und nicht ein „Stern".[19] Wenn das ein wirklicher Stern gewesen

---

18 „Schon im 2. Jahrtausend vor Christus kümmerten sich die Herrscher von Mari und Babylon um die Sicherheit der Karawanen auf ihrem Hoheitsgebiet. Ein Brief aus Mari (ARM V, 14) berichtet zum Beispiel von einer Anweisung zur Eskortierung einer Karawane ..." (https://www.bibelwissenschaft.de/wibilex/das-bibellexikon/lexikon/sachwort/anzeigen/details/karawane/ch/67aef00fea4f27661d1eb0253d919167/)

19 John F. MacArthur, New Testament Commentary, Matthew 1–7, Chicago 1985, S. 29-30. John F. MacArthur, Fools And Wise Men 1, https://www.gty.org/library/sermons-library/2183/fools-and-wise-men-part-1.

wäre, hätte er nicht nur die Stadt Bethlehem, sondern mindestens ganz Israel mit seiner Hitze in Schutt und Asche gelegt.

Nein, ein Stern war es nicht, den die Magoi sahen. Sie sahen eine auffällige, sehr helle Lichterscheinung und nahmen daraufhin die mühevolle Reise ins Land Israel auf sich. Die Geburt des Retters brachte sie in Bewegung.

Die Magoi hatten allerdings schlechte Startbedingungen. Ein bisschen Bibelkenntnis und eine Lichterscheinung – das war alles, was sie hatten. Und das war wenig genug. Und doch kamen sie bei Jesus in Bethlehem an!

Warum setzten gerade sie sich in Bewegung und andere nicht? Nun, die Magoi besaßen etwas, das allen anderen fehlte: Sie hatten ein brennendes, ein suchendes Herz. Sie wollten den neugeborenen König finden. Sie wollten bei Jesus ankommen, koste es, was es wolle. Und darum erreichten sie irgendwann ihr Ziel. Sie begannen einfach mit dem, was sie hatten: mit ein paar Bruchstükken aus der Bibel und einem Licht im Osten. Das reichte ihnen.

Der Weg war ihnen nicht zu weit, nicht zu mühevoll und nicht zu gefährlich. Ihr brennendes Herz trieb sie voran. Und Gott sieht brennende Herzen. Gott sieht suchende Herzen. Er sieht sie immer! Und er brachte die Magoi zum Ziel.

Die Magoi hatten ein brennendes, suchendes Herz. Und darum kamen sie an. Die „Weisen" wussten nicht viel von Gott. Aber das, was sie wussten, genügte, um zu glauben. Und Gott führte sie weiter. Darum erreichten sie ihr Ziel. Die Magoi waren mutig genug loszugehen. Und sie hatten die Demut, sich von Gott führen zu lassen. Sie bewiesen ihre Entschlossenheit, so lange weiterzugehen, bis sie am Ziel waren.

Die Suche nahm Gott ihnen nicht ab: Wie viele Umwege werden sie gegangen sein! Wie oft werden sie umsonst nach dem Weg gefragt haben! Aber am Ende kamen sie am Ziel ihrer Suche an.

Gott liebt Menschen mit suchenden Herzen. Und er bringt sie sicher zum Ziel, bis sie ihn gefunden haben, egal, wie schlecht oder gar aussichtslos ihre Startbedingungen sind. Wer also ein brennendes Herz hat, das Gott mit ganzer Kraft sucht, der hat allen Grund, dankbar zu sein. Denn Gott wird ihn sicher ans Ziel bringen, zu Jesus, dem Retter. So wie er die Magoi ans Ziel brachte.

Gott übersieht kein brennendes Herz. Er sieht uns, wenn wir auf der Suche nach ihm sind. Und er wird uns, wenn wir ihn ernsthaft suchen, immer ans Ziel bringen. Unser Lebensziel ist dasselbe wie das der Magoi: Jesus, der gekommen ist, um verlorene Menschen zu retten und zurückzubringen zu Gott. Wenn wir ihn als unseren Herrn und Erlöser annehmen und ihn anbeten, dann sind wir dort angekommen, wo wir hingehören.

24

Weihnachtszeit – Lichterzeit

Weihnachtszeit ist Lichterzeit. So ist das überall. In Deutschland genauso wie im fernen Amerika.

So hat zum Beispiel der Amerikaner Lou Hurst in der Weltstadt Washington eine Super-Weihnachts-Lichterdekoration aufgebaut. Sage und schreibe 20 000 Glühbirnen brachte er rund um sein Haus in Stellung, um zu beweisen, dass er das weihnachtlichste Zuhause weit und breit habe. Beleuchtete Christbäume sind da genauso zu sehen wie putzig-pausbäckige Weihnachtsmänner auf Schlitten, die von hurtigen Rentieren gezogen werden. Sogar die Zügel dieser weihnachtlichen Schlittenzieher bestehen aus kleinen, strahlenden Lichterketten. Licht, Licht, Licht, wohin man auch sieht.

Weihnachtszeit ist Lichterzeit. So sagt das auch die Bibel. Weihnachten hat in der Tat mit Licht zu tun, mit viel Licht. Aber die Bibel hat nicht etwa Vertraulich-Schönes über dieses Licht zu sagen. Keine Spur von kekseknabbernder Gemütlichkeit. Keine Rede von milder Stimmung und warmen, friedevollen Herzen. Noch nicht einmal ein Anflug von kerzenbeglänzter Christbaumromantik. Die Bibel redet ganz anders darüber. Sie spricht von einem Licht, das gemieden wird. Sie spricht von einem Licht, dem sich die Finsternis mit geballter Kraft entgegenwirft. Sie spricht von einem Licht, das unerwünscht ist.

Als Jesus, Gottes Sohn, vor 2000 Jahren in der Kleinstadt Bethlehem geboren wurde, da kam Licht in die Welt. Viel Licht! Licht von Gott: das Licht der Liebe Gottes. Das Licht der Heiligkeit Gottes. Das Licht der Reinheit Gottes. Das Licht der Herrlichkeit Gottes. Aber dieses Licht war nicht willkommen. Es wurde gefürchtet. Es wurde ignoriert und verfolgt. Es sollte verschwinden.

In der Bibel wird das mit diesen Worten beschrieben: *Und das Licht scheint in der Finsternis, und die Finsternis hat's nicht ergriffen. ... Er kam in sein Eigentum, und die Seinen nahmen ihn nicht auf* (Johannes 1,5.11).

Das ist Weihnachten, wie die Bibel es sieht. Das Licht scheint in der Finsternis ... Gottes Sohn kommt in die Welt. Aber die Finsternis hat es nicht ergriffen. Er kam in sein Eigentum. Aber die Seinen nahmen ihn nicht auf.

Nichts Traulich-Schönes. Keine Spur von Wärme und Gemütlichkeit! Von Abwehr ist die Rede und von Abgrenzung. Die Finsternis formiert sich zu einem kompromisslosen Widerstand gegen dieses Licht. Wenn Gottes Licht in die Welt kommt und die Menschen erfasst, dann sind zunächst einmal Widerstand und Abwehr angesagt.

Warum ist das so? Warum erfährt Gottes Licht diese Reaktion? Warum geht das nicht alles viel friedlicher, schöner und weihevoller ab? Nun, Licht von Gott ist das Herrlichste, was es gibt! Denn es stecken ja die ganze Liebe und Reinheit und Heiligkeit und Herrlichkeit Gottes drin. Und nichts vermag unser Leben so hell und froh zu machen wie eben dieses Licht von Gott. Aber wo Gottes Licht auf Menschenherzen trifft, die erfüllt und verklebt sind von Unrecht und Schuld ... wo Gottes Licht auf Menschenherzen trifft, die beherrscht sind von Ich-Haftigkeit ... wo Gottes Licht auf Menschenherzen trifft, die verstrickt sind in Böses ... wo Gottes Licht auf solche Herzen trifft, da verkrampfen sich die Menschen instinktiv und weisen das Licht ab! Daher kann es nicht schiedlich-friedlich sein, wenn Gottes Licht in die Welt kommt, denn es treffen Licht und Finsternis aufeinander. Und da kann die Finsternis nicht anders: Sie muss angreifen! Da können dunkle Menschenherzen nicht anders: Sie müssen angreifen! Denn die Finsternis des menschlichen Herzens hasst Gottes Licht, wenn es in die Welt kommt.

Weihnachten ist also keine künstlich gemachte heile Welt auf Zeit. Es ist keine Flucht in ein religiöses Wolkenkuckucksheim, das sich nach wenigen Tagen verflüchtigt. Weihnachten hat von Anfang bis zum Ende mit Wirklichkeit zu tun, mit handfester, unbestreitbarer Wirklichkeit. Zum Beispiel mit der Wirklichkeit der Finsternis, die Menschen bevorzugen. Finsternis, die in

Menschenherzen einzieht, die Gott höchstens als Zaungast ihres Lebens ertragen. Finsternis, die diese Welt zu einem angstvollen und nicht selten auch hoffnungslosen Ort gemacht hat. Finsternis, die das Licht angreift, weil sie finster bleiben will.

Halten wir das noch aus? Oder ist es nicht vielmehr so, dass wir das wirkliche Weihnachten nicht mehr ertragen können und deshalb daraus eine unerträglich süßliche und unwirkliche Angelegenheit gemacht haben?

Vor ein paar Jahren war ich in der Vorweihnachtszeit abends mit dem Auto unterwegs. Im Radio lief so ein Weihnachtsprogramm mit Musik und Gedichten usw. Und dann meldete sich die Moderatorin zu Wort. Sie sagte mit weicher, milder Stimme, dass wir uns noch bis 22.00 Uhr in der heilen Welt des Weihnachtlichen bewegen wollten. Dann – so kündigte sie vorsorglich an – wären allerdings die Kollegen von der Nachrichtenredaktion dran mit den neuesten Meldungen aus aller Welt. Dann sei es natürlich vorbei mit der heilen Welt. Dann würden wir wieder auf den Boden rauer Tatsachen heruntergeholt. Aber bis es so weit war, so sagte sie, wollten wir noch träumen und die heile Weihnachtswelt genießen.

Ich wusste wirklich nicht, ob ich lachen oder weinen sollte! Offenbar können wir Menschen das Ereignis von Weihnachten nur in süßlich-unwirklicher Form aushalten. Das echte Weihnachten, wie die Bibel es uns präsentiert, das halten wir gar nicht aus. Da würde es ja sofort persönlich. Da wäre ja sofort von sehr realen Dingen wie Verlorenheit und Rettung, Himmel und Hölle die Rede. Unser Herzenszustand würde sofort zum Thema: trotzig, finster und möglicherweise weit weg von Gott. Und so muss es die süßliche Version von Weihnachten sein, die einen zu nichts verpflichtet, sondern nur ein bisschen unsere Gefühle streichelt.

Weihnachtszeit ist Lichterzeit. Wir wissen jetzt: Im Gegensatz zum Licht all der weihnachtlichen Glühbirnen und Kerzen ist Gottes Licht nicht harmlos! Es zielt auf die Finsternis im Herzen der Menschen und will sie vertreiben. Das bedeutet Kampf. Denn die Finsternis will ja finster bleiben und wehrt sich daher nach Kräften. Überall da aber, wo Menschen ihrer Finsternis den Laufpass geben und ganz einfach Jesus ihr Leben ausliefern, da wird es hell in ihrem Leben. Da breitet sich das Licht Gottes herrlich aus von innen nach außen. Und da kehren Hoffnung und Zukunft ein.

Noch immer scheint dieses Licht in der Finsternis, um all diejenigen zu retten, die es aufnehmen. Noch immer kann Gott sich Bahn brechen in unserm Leben. Noch immer wird Jesus, der Retter, verkündigt, der gekommen ist, um aus verlorenen Menschen Gottes Kinder zu machen.

Ich wünsche Ihnen ein frohes und helles Weihnachten!

Vom selben Autor

Neues von Elischa

Frische Impulse für ein Leben im Vertrauen

Elischa zählt zu den ungewöhnlichsten Personen im Alten Testament. Ohne Berührungsängste mit Menschen bildete er in Wort und Tat die Freundlichkeit, Gnade und Größe Gottes ab. In den heutigen Sorgen und Ängsten können wir von ihm und seinen Erfahrungen profitieren, der zu 100% auf Gott vertraut hat.

192 Seiten
Paperback, 13,5 x 20,5 cm
Best.-Nr. 271 125
ISBN 978-3-86353-125-6